Os sete pecados revisitados

Sonia Santos
e
Christiane Michelin

Os sete pecados revisitados

2ª edição

IDÉIAS &
LETRAS

Editores
Avelino Grassi
Roberto Girola

Coordenação Editorial
Elizabeth dos Santos Reis

Copidesque
Mônica Guimarães Reis

Revisão
Daniela Medeiros Gonçalves

Projeto Gráfico e Editoração
Flávio Santana

Capa:
Marco Antônio dos Santos Reis
Ilustração de Ambrogio Lorenzetti

© Editora Idéias & Letras, 2004

IDÉIAS & LETRAS

Rua Pe. Claro Monteiro, 342 – Centro
12570-000 Aparecida-SP
Tel. (12) 3104-2000 – Fax. (12) 3104-2036
Televendas: 0800 16 00 04
vendas@ideiaseletras.com.br
www.redemptor.com.br

**Dados Internacionais de Catalogação na Publicação (CIP)
(Câmara Brasileira do Livro, SP, Brasil)**

Santos, Sonia
  Os sete pecados revisitados / Sonia Santos e Christiane Michelin. – Aparecida, SP: Idéias e Letras, 2004.

  Bibliografia
  ISBN 85-98239-17-8

  1. Fé 2. Pecado 3. Pecados capitais 4. Perdão I. Michelin, Christiane. II. Título

04-2384   CDD-241.31

Índices para catálogo sistemático:
  1. Pecados capitais: Ética cristã 241.31

Sumário

Nota das autoras 9
Alguns esclarecimentos 11
A paciente e a terapeuta 13

Parte I – Refletindo sobre pecado e perdão

Questionando-se 15
Perdão? 16
É pecado? 16
É preciso amar 17
Buscando mudanças 18
Bicho-papão 19
O pecado como parte da vida 19
O pecado: uma parte de nós? 20
Mutação 21
Apego: vale a pena? 22

Parte II – Refletindo sobre a vida

Márcia 23
Vivendo e aprendendo a jogar 25
Medo 27
Felicidade 29
Sinal vermelho 29
Sinal amarelo 31

Sinal verde 32
Detalhes 33
Dar e receber 34
Amizade 35
Setas 36

Parte III – Refletindo sobre a fé

Um salto no escuro 37
Ser religioso 37
Deus e a psicologia 38
Auto-suficiência ou fé? 41
Nossas limitações 41

Parte IV – Refletindo sobre os pecados

ORGULHO

O orgulho de Sofia 47
Eu sou mais eu 49
Escudo protetor 50
Em busca de aplausos 51
"O espinho na carne" 51
Dando murro em ponta de faca 52
É preciso acordar 53

AVAREZA

Sr. Manoel 55
A propósito de Sr. Manoel 57
Buscando entendimento 58
Abarrotando a dispensa 59
Avareza e amor 60

Quebrando recordes 61
Em busca de renovação 62
Tratando de suas feridas 63
Buscando novos caminhos 64
Um novo olhar 65
Seguindo em frente e fazendo a paz 66

INVEJA
O bilhete de loteria 67
A videira 67
Escrevendo nosso próprio *script* 69
O preto e o branco 69
A serpente 71
Ferida aberta 71
Sentindo-se culpado 73

PREGUIÇA
Helen 75
A propósito de Helen 76
A lei do menor esforço 77
Peso morto 79
Sentados à beira do caminho 81
Esperando cair do céu 81
A necessidade: uma grande saída 82

GULA
Nem oito nem oitenta 85
Temos fome de quê? 87
Salada mista 88
O insaciável 89

Aprendendo a crescer 91
Comida x pessoas 91
O reverso da gula 93
Harmonia 94
Organizando a casa 96
A caminho de nós mesmos 96

IRA
Chuvas e trovoadas 99
A propósito de Sr. Cláudio 101
Em busca de um antídoto 102
Tempos modernos 104
Champanha ou guaraná? 105
Tal qual bichos 106
Quem ama é capaz de matar? 107
Ato de fé 108
De que vale ser certinho?! 109
Libertando para sermos libertados 111

LUXÚRIA
Marina 113
A propósito de Marina 115
Onde está a bula? 117
O joio e o trigo 117
O prazer pelo prazer 118
Liberdade 119
Ilusão 120
Por que pecado? 120
Como viver sem pecar? 123

Nota das autoras

Nosso objetivo com esta obra não é incitar oposições religiosas nem fazer apologia aos pecados. Não pretendemos julgar nem aconselhar. Propomos, na verdade, uma reflexão mais imparcial sobre esses comportamentos classificados como pecados, por acreditar que somente quando pararmos para pensar, rever e aprofundar nossos posicionamentos diante da vida é que seremos capazes de ultrapassar a superficialidade da simples conceituação e do julgamento para alcançar um nível de amadurecimento e conscientização verdadeiros. Isso nos permitirá enxergar além das aparências e, só assim, transformar nossas vidas. Também nós tivemos de percorrer esses caminhos, página por página, até compreender melhor o real significado de cada um desses sentimentos.

A princípio, houve certa resistência em voltarmos sempre ao mesmo ponto, mas era impossível falar de pecados sem entender, vivenciar e escrever sobre o amor e o perdão.

Amar e perdoar, para muitos, é uma coisa óbvia, embora limitada. Amam o marido, a esposa, a mãe, o pai, o filho. Isso é muito fácil! Perdoam aquilo que já esqueceram ou que não doeu tanto. Há, na verdade, que nos abrir aos poucos e nos permitir um olhar diferente para o assunto, sem preconceitos ou julgamentos.

Não pretendemos trazer solução para todos os problemas, nem ser mestres a guiar os passos do leitor. Tentamos, apenas, partilhar um caminho, uma possibilidade a mais. Nosso convite, portanto, é para uma caminhada em direção a nós mesmos, revendo posições e opiniões. Refletindo, questionando e buscando descobrir onde se escondem os nossos verdadeiros "pecados".

Sonia da S. Santos
e Christiane Michelin

Alguns esclarecimentos

O pecado surge neste livro como uma fonte de questionamento, jamais de julgamento. O que importa é refletir sobre a ação dos mesmos em nossa vida – o que eles nos acarretam.

Ao revisitar os ditos pecados, estamos repensando os mesmos; procurando tirá-los de um "lugar" fixo e preestabelecido para enxergá-los melhor. Para nos enxergar melhor. Na verdade, eles nos servem de base, de parâmetro, de pretexto para discutirmos o nosso comportamento e expandir nossa área de visão e de ação.

Nosso objetivo é motivar uma reflexão sobre a limitação que nos impomos quando apenas observamos e constatamos as coisas rotulando-as como certas ou erradas; como pecado ou não. Imaginamos poder, desta forma, seguir adiante sem correr tantos riscos. Esquecemo-nos, entretanto, do quanto são importantes no sentido de nos levar a um viver com maior discernimento e responsabilidade. Mesmo porque, só não tropeça, não cai, aquele que nunca sai do lugar.

A PACIENTE E A TERAPEUTA

"De artista e de louco todos temos um pouco". Desta vez tudo começou com um artigo de jornal. Falava sobre os sete pecados capitais. A idéia de escrever a esse respeito ficou-me martelando a cabeça por mais de uma semana até que resolvi "ceder à tentação". Logo de início senti que as coisas não seriam nada fáceis. Em meus trabalhos anteriores o pensamento fluía de uma forma bastante rápida e sem nenhum tipo de barreiras, mas, agora, via-me parando a cada parágrafo por conta de preconceitos, julgamentos e questionamentos. Se por um lado isso me causava estranheza e até mesmo certa irritação, por outro, instigava-me a querer entender melhor os tais pecados e, principalmente, sobre o que me fazia agir daquela maneira.

A proposta inicial era trazer os pecados para o nosso cotidiano, tentando discutir e compreender sua função em nossas vidas. Pois bem, fiz um esboço das principais idéias atreladas a cada um dos pecados e entreguei para minha terapeuta dar sua opinião. A posição de uma terapeuta é sempre muito bem-vinda e, além disso, eu já conhecia um pouco o seu lado escritora. Por mais ousado, inusitado e fora de propósito que pudesse parecer, não foi possível deixar de imaginar que seria muito bom tê-la nesse projeto. Não pensei duas vezes. No começo, ficamos meio perplexas diante da nova situação e de tantos pecados a serem destrinchados. Tudo surgiu como uma proposta natural e simples, embora pouco comum. Seria pecado escrever um livro com a terapeuta, com a paciente?

Felizmente conseguimos separar, cuidadosamente, "alhos de bugalhos", com muita habilidade e calma. Passo a passo, descoberta a descoberta, tentamos entender o lugar disso tudo nessa situação atípica. Afinal, essas coisas não acontecem todos os dias.

Seguimos em frente. Antes de falar dos pecados propriamente ditos, sentimos a necessidade de expressar muitas outras coisas que nos pareciam mais do que pertinentes. O livro foi crescendo, crescendo, até que surgiu a primeira crise. Eram palavras demais, textos muito longos, estilos, diferenças, idéias repetidas e dúvidas. Muitas dúvidas. Minha terapeuta perguntava se conseguiríamos, de fato, chegar ao coração das pessoas; se não estávamos sendo superficiais em nossas idéias, muito técnicas ou conclusivas. Eu, por minha vez, sentia a necessidade de fazer um resumo das idéias no final de cada capítulo para que houvesse maior assimilação do conteúdo. Estava, também, presa a algumas regras gramaticais que a assustavam um pouco. Pensava em fazer um livro ousado, que misturasse pecados com poesia, gula com receitas afrodisíacas e por aí fora.

Aos poucos comecei a entender a verdadeira importância desta empreitada. Tinha muito de aprender com tudo aquilo. Passei a olhar para mim e para os lados com olhos bem diferentes, bem abertos, desejosos de aprendizado e de crescimento. Resolvi abrir não apenas os olhos, mas, também, espaços dentro de mim para que a vida pudesse fluir mais livremente, sem tantas barreiras, regras e idéias preconcebidas.

Percorremos mais um longo caminho até que uma nova parada para reabastecimento se fez obrigatória. Dessa vez, era algo mais espiritual que pedia espaço. Tratei de usar argumentos intelectualmente perfeitos para dissuadi-la da idéia. Não pretendia fazer um livro religioso por "ene" razões; inclusive, por total incompetência de minha parte. Entretanto, ficava cada vez mais claro que o assunto não poderia ser descrito apenas de maneira psicológica ou conceitual. E assim seguimos, descobrindo um livro que para cada uma de nós tinha um sentido próprio, ou este foi sendo percebido a cada passo, a cada palavra e pensamento. Escrevendo, discutindo e meditando, o trabalho foi sendo delineado – uma caminhada inusitada, mas real. Qual seria, afinal, o sentido de o estarmos escrevendo? Bem, isso já não nos cabe mais responder.

Parte I
Refletindo sobre pecado e perdão

Questionando-se

"A psicologia tanto quanto a religião não são respostas, são perguntas sobre o sentido da vida. Ambas são instrumentos facilitadores de uma possível harmonia." Baseados nessa afirmativa, deveríamos todos, pessoas religiosas ou não, reservar um tempo para pensar e trabalhar melhor os comportamentos considerados pecados. A luxúria, a inveja, o orgulho, a avareza, a preguiça, a ira e a gula causam, sem sombra de dúvida, muitos transtornos. São exageros em nossa forma de agir que nos levam, invariavelmente, a conflitos internos, assim como as pessoas que estão ao nosso redor. Mas, ninguém é avarento, guloso ou preguiçoso pelo simples fato de ter escolhido conscientemente para si essas condutas. Ninguém opta por ser dessa ou daquela maneira, assim, sem mais nem menos, de uma hora para outra. Sabemos que não é dessa forma que as coisas acontecem, mas, mesmo assim, tendemos a julgar de maneira implacável e simplista as nossas atitudes, erros, defeitos e pecados, ou os dos outros, como se tivessem sido tão-somente uma opção consciente e deliberada.

Não nos damos o trabalho de pensar nos motivos que nos levaram a agir de determinada forma. Não mergulhamos fundo. Também esquecemos que assim como os outros têm lá suas imperfeições – seus pecados – também temos as nossas. Será que somos capazes de enxergá-las?

Talvez, antes de qualquer coisa, devêssemos ocupar-nos mais com os nossos próprios erros e com o mal que podemos estar exercitando do que com aqueles que vêm em nossa direção.

Os outros, com seus defeitos, não deveriam representar obstáculos em nossas vidas, mas nos facilitar o entendimento prático do que precisamos perceber. Deveríamos nos servir das várias situações e pessoas que nos surpreendem para crescermos. Mas, certamente, não é fácil encarar as coisas dessa maneira. Agimos como se fôssemos o centro de tudo. Reagimos. Não deixamos "barato".

Perdão?

Sabemos que é difícil perdoar... E como! Falar sobre o perdão também não é das tarefas mais fáceis. Ninguém parece muito interessado nesse assunto, pois soa piegas. Mas quem consegue chegar ao perdão alcança o que há de mais precioso: o amor e tudo o que vem com ele.

"Só consegue perdoar quem muito ama." É certo que existe um caminho interno e longo a ser percorrido. É algo que acontece no íntimo, solitariamente. O perdão não é objetivo racional, mas resultado de um intenso apelo interno por transformação. O outro? Bem, este será apenas capaz de nos ajudar a perceber e a realizar em nós mesmos a necessidade de perdão, libertação e renovação. Perdemos muito tempo concentrando nos outros nossas insatisfações e acusações. Não percebemos que somos nós que precisamos dar um passo à frente. Liberar fardos, desenvolver novos valores e, sobretudo, sair transformados das situações. Não é uma questão simples do tipo: quem errou ou quem deve pedir perdão. Somos todos cegos e surdos. Não conseguimos ver além de nossas necessidades e apegos e nos ferimos mutuamente mesmo sem querer, sem nem mesmo percebermos.

É pecado?

Se considerarmos que pecar é cometer falhas, pecadores somos todos nós, invariavelmente, seguidores dessa ou daquela religião, dessa ou daquela seita, fanáticos ou ateus.

Felizmente, todos nós temos a capacidade de rever nossas posições diante dos fatos e buscar um novo sentido para viver. Na verdade, muitas vezes, perdemos tempo discutindo se determinada coisa é ou não pecado e acabamos esquecendo a parte mais importante desta história: o espaço que damos ao pecado em nós.

Sabedores de que os excessos são incômodos, ainda assim nos deparamos com alguns deles sem que nos seja possível evitá-los... Não se pode negar que haja um lado "gostoso" em pecar. Gostoso?! É! Comer uma caixa de bombons quando se tem vontade é muito prazeroso, anestesia a alma, gera uma satisfação imediata e alcançável, cria uma compensação. Ao nos entregar ao exagero, aos pecados, fugimos do que de fato nos aflige. A vida já é tão dura, por que não?! Ter um envolvimento emocional ou sexual dá-nos a idéia de tornar a vida tão mais intensa e estimulante. Mesmo a ira parece-nos melhor do que permanecer no marasmo.

Pois é, os desejos são mesmo inerentes à natureza humana, o que muda é a maneira como cada um de nós responderá a eles: uns reprimirão, outros negarão e alguns só os enxergarão nos outros, sempre os outros.

Tendemos a achar que tudo o que nos causa algum mal não tem nada a ver conosco. É sempre o outro que nos inveja, que é agressivo, pão duro, preguiçoso, guloso, orgulhoso, ou seja lá o que for. Entretanto, quando começamos a perceber que nossas atitudes e maneira de viver é que estão moldando nossas vidas, aí, sim, entendemos a necessidade de parar e refletir; olhar para nós mesmos em vez de ficar criticando e exigindo mudanças nos outros. Há que chegar o dia em que, acima de tudo, desejemos aliviar-nos de nossos pesos, de nossos pecados. Cabe a nós a decisão de largar o que nos impossibilita experimentar a felicidade, a paz e o amor, sentimentos jamais alcançados quando nosso olhar está apenas voltado para a justiça em causa própria e para a satisfação plena de nossos desejos.

É PRECISO AMAR

O pecado ocorre quando nos afastamos do amor e de tudo o que há de mais generoso e solidário em nós por causa de nossos desejos ávidos de segurança, poder ou satisfação pessoais. Buscamos o que queremos e, às vezes, cegos, nem olhamos o que estamos fazendo. Criamos muitos problemas. Nem sempre temos consciência deles, sobretudo naquele exato momento. Mas, seguimos obstinados em busca de realizar o que achamos fundamental para nós. O pecado se contrapõe ao amor, pois nos divide, causa prejuízos. O amor, por sua vez, diminui barreiras, compartilha, une.

Quando em pecado, somos levados por nossas carências e buscas, o que nos coloca em situações muito complicadas. Iludimo-nos facilmente com a beleza, com a força, a riqueza ou o poder. Rapidamente nos achamos especiais e dignos de várias coisas. Distanciamo-nos uns dos outros. Achamo-nos melhores, diferentes... orgulhosos. Mas é assim mesmo, faz parte. O que importa é entendermos a vida e seus caminhos – perceber os pecados como parte integrante dela; só assim seremos capazes de compreender uns aos outros e a nós mesmos nesse caminho do amor. Só assim caminharemos para além dos ditos pecados!

Buscando mudanças

Não sabemos o que fazemos, por isso sofremos, já que não temos mais a dimensão do pecado como um erro: de repente tudo "virou festa"; tudo parece ser permitido. Por que praticar a humildade no lugar do orgulho, a solidariedade em vez do egoísmo e o dar no lugar do receber?! Na prática, ainda não experimentamos o perdão!

Quando carregamos coisas pesadas dentro de nós, elas acabam por adoecer nossa alma. É ilusão achar que poderemos seguir adiante de forma integrada e sadia, se não entendermos essas dores em nós. E quem disse que viver é fácil? Isso vai depender do ponto em que estivermos.

No início desse processo, geralmente, sente-se medo. Mas, com o passar do tempo, ganhamos força, tranqüilidade e uma nova forma de olhar a vida. Isso nos permite viver melhor e até sentir felicidade. Um outro tipo de felicidade: a que vem lá do fundo; não aquela condicionada pelo que vem de fora, mas a que resulta do alargamento de nossa capacidade interna, a que torna o nosso viver mais suave, harmônico e esperançoso. Quando adquirirmos um novo olhar para a vida, passaremos pelas tempestades sem percebê-las como tais.

A força suave que sentiremos interiormente nos preparará e nos acalmará, dando um novo ânimo e perspectiva, a despeito dos ventos fortes que certamente virão.

Bicho-papão

Sem sombra de dúvida, os pecados têm sua importância. É preciso senti-los e entender sua função em nossas vidas.

Os pecados não são, simplesmente, o terror que aparentam ser nem são cometidos apenas pelo vizinho. São parte do caminho.

Precisamos utilizá-los como um meio e não como fim. São ferramentas importantes; etapas valiosas do crescimento pessoal e integral. Não devemos desprezá-los.

Espelham nossos desejos e necessidades. Falam de nós mesmos. São nossa forma de experimentar a vida, de adquirir experiências, de nos ver refletidos no espelho, com nossas verdades, nossas cicatrizes e nossos medos.

Qual é o rosto que imaginamos quando pensamos em um pecador? Pois é, o nosso. Todos pecamos. Todos temos um tanto de imperfeição em diferentes doses.

Precisamos é seguir em frente, com calma e criteriosamente, sem o desejo tolo de perfeição que mais nos divide do que nos torna tolerantes e humanos. Afastamo-nos da verdade ao invés de seguir em direção a ela. Será mais fácil? Menos trabalhoso? Menos sofrido?

O pecado como parte da vida

Estamos sempre diante de uma séria questão existencial: viver ou... ir levando a vida? Quando optamos por viver, não contabilizamos cada uma das coisas que nos acontece. Buscamos qualidade de vida; viver de verdade! E os acidentes de percurso? Bem, serão encarados como parte de um crescimento contínuo.

Com esse olhar mais consciente e profundo surge uma coragem maior. Questionamos, ficamos inquietos e revemos nossas certezas, posto que tudo é dinâmico na vida.

Há momentos, entretanto, em que nos sentimos tão abalados que acabamos incapacitados de ver a real natureza dos fatos. Reagimos, nos opomos... Sofremos. Acabamos nos fechando; superdimencionamos nossas dores e razões particulares. Passamos a um estado de briga constante, dentro e fora de nós. Perdemos o rumo e fazemos estragos... Viver é ir fundo, é se libertar. É chegar mais perto das coisas em vez de reagir a elas ou teorizar a respeito. É soltar as amarras da alma e permitir-se ir além das aparências. Mas como é difícil!

Justamente por conta dessa dificuldade é que, na maioria das vezes, acabamos nadando apenas na superfície, escondendo-nos atrás de regras e procedimentos que nos iludem com garantias de tranqüilidades e certezas. Acaba faltando o amadurecimento de quem lidou, na prática, com tais questões; a livre escolha em segui-las após ousar questionar tantas verdades absolutas, que de absolutas não têm nada, e que, geralmente, só cristalizam o nosso viver nos deixando meio que empalhados.

Estamos desperdiçando pistas importantes para o nosso crescimento cada vez que, por medo, rigidez ou desconhecimento, estacionarmos em nossos preconceitos. Cada um terá sua visão própria do que venha a ser o pecado, mas, seja lá qual for o caminho escolhido para lidar com tudo isso, parece que um ponto é fundamental: o nosso viver desordenado e egoísta tem nos levado para longe da felicidade, da saúde e da paz. Cuidemos para não nos deixar seduzir pelas facilidades ou aparente felicidade existentes no tal pecar.

O PECADO: UMA PARTE DE NÓS?

Achamos que a vida é uma batalha. Que é preciso vencer, ser esperto, aprender mais para ser capaz de antecipar as "jogadas". Ganhar, ganhar! Não pensamos em perder. Isso seria fracasso, derrota. Temos de... – sempre temos de... – alguma coisa.

Queremos nos dar bem. Passamos por cima de coisas e pessoas, às vezes, até sem perceber. Não compreendemos o mal que fazemos a nós mesmos quando causamos mal a alguém. Tudo o que fazemos gera uma forma de viver em nós. O que somos, o que pensamos e como agimos constrói a realidade que cada um de nós vive. Por isso, quando nos queixamos da vida, deveríamos, antes de qualquer coisa, olhar como estamos tentando nos libertar do mal que há em nós. Precisamos domar esse monstro faminto que vive dentro de nós e que só quer, quer e quer.

Não conhecemos nada sobre nós mesmos, já que só olhamos para fora. Queremos conseguir o que nos falta e, por conta disso, muitas vezes sequer prestamos atenção às nossas ações. Não assumimos os nossos atos e o mal que advém deles. Só nos preocupamos com o que os outros podem estar querendo tirar de nós: nosso tempo, nossas coisas, nossos amigos, marido, esposa, filhos etc. Ficamos uns contra os outros. Não vivemos como amigos, mas como inimigos, como estranhos, a nos defender uns dos outros.

Nosso mundo interior se reflete e se soma ao mundo exterior. Se mudarmos internamente, o mundo externo não terá tanta influência sobre nós. A nossa forma de agir já será diferente. Não ficaremos reagindo eternamente; dando o troco.

Estamos vivendo para crescer, despertar, enxergar ou para descansar, passar férias ou simplesmente desfrutar?

Temos muito trabalho a fazer dentro de nós. Temos de nos pacificar, lutar contra a vontade de reagir e de só encontrar os caminhos mais fáceis e práticos. Isso não é ser inteligente, como se pensa. É não enxergar. É querer ver apenas o que se deseja ver: ilusão!

Se não pararmos de fugir e apenas reagir, nunca sairemos do ponto de partida.

Mutação

Achamos que somos muito bonzinhos e, às vezes, tolos, quando perdoamos alguém. Não percebemos exatamente o que isso significa para nós. Perdemos o significado mais valioso.

Tudo na vida tem sua importância para os dois lados: o de quem faz e o de quem recebe. Do lado de quem sofreu uma ação e se pergunta se deve ou não perdoar, é importante perceber que não é uma questão superficial de ser ou não um "bom samaritano". Há nisso uma possibilidade de expansão do ser. De ir mais longe e melhor. De descobrir que há sempre mais a ser percorrido, sentido. Há um lugar diferente para se alcançar em nós mesmos. Uma possibilidade de sentir de forma diferente todas as coisas.

Quando conseguimos esse desprendimento, quem ganha somos nós! Isto abre portas em nosso ser, introduz-nos ao amor. Passamos a amar pela capacidade de amar que há em nós e não pelo que vem do outro, necessariamente. O amor está em nós. Se o alcançarmos e o desenvolvermos, teremos ultrapassado uma enorme barreira: a barreira do eu – "eu quero, eu não quero, eu, eu, eu; primeiro eu, depois eu e depois, quem sabe... o outro". Não há chance de satisfação por essa via. Apenas ilusão, desilusão e desencanto.

APEGO: VALE A PENA?

Nós nos apegamos muito a pessoas, coisas e idéias. Valorizamos muito esse sentimento. Achamos bonito ter saudades de alguém ou ser alguém que possui sempre os mesmos ideais e pontos de vista. Isso parece conferir-nos estabilidade, credibilidade. Não percebemos que a vida é dinâmica, que tudo muda e exige novas respostas e renovação. Precisamos estar antenados aos acontecimentos e investidos de uma busca. Geralmente, acomodamo-nos, acostumamo-nos com o que é familiar. Em determinadas ocasiões, usamos o que está ao nosso redor como muleta, abrigo, esconderijo ou como escudo protetor.

Os pecados, muitas vezes, também assumem essa pretensa função em nossas vidas. Quanto mais entendermos, mais livres estaremos; não precisaremos prender nem nos prender a nada ou a ninguém; não precisaremos nos esconder de nossos próprios sentimentos, medos ou desejos... Estaremos em movimento, ligados ao presente que se renova permanentemente; nos relacionaremos com a vida e não com a idéia que temos dela. E se isso significar nos deixar mais solitários? Será somente na aparência; não precisaremos temer. Estar só não deve ser confundido com não ser amado ou não ter amigos. Deve, na verdade, corresponder ao momento em que atingimos profundamente nossas verdades. Esta solidão não nos separa dos outros; ao contrário, permite-nos encontrá-los também em sua profundidade, em sua solidão existencial. É preciso jogar fora antigas verdades e expectativas para vivermos de verdade, livres de nós mesmos.

Parte I
Refletindo sobre a vida

Márcia

Aos 20 anos, saiu de casa deixando para trás a família, os amigos, a cidade. Levava consigo apenas uma história a ser cumprida, um sonho a ser realizado. Queria conhecer o mundo, com toda sua diversidade e riqueza; queria ser capaz de enfrentar as dificuldades sozinha; desejava ser capaz de cuidar de seu sustento, material e pessoal. Almejava crescer e, então, saiu mundo afora.

Um dia conheceu Raul. Homem atraente, rico e bonito. Não conseguiu resistir a seus encantos e... pensou: "Que mal pode haver em ficar por aqui mais alguns dias, aproveitando os carinhos e, por que não, as mordomias que ele pode me proporcionar? Vou me dar esse presente".

Passou uma semana, meses, anos... Márcia agora era uma jovem senhora, dona de um verdadeiro império. Tinha carros, casas, empregados. Aparentemente, tudo o que a maioria das pessoas almeja. Entretanto...

Certo dia, Márcia reencontrou um amigo antigo, dos tempos de colégio. Um daqueles amigos com quem se divide os sonhos. Ele estava barbado, de calça jeans e mochila nas costas, e ela estava impecável, em suas jóias e roupas de linho. Incrédulo, o rapaz não se conteve:

– Márcia, é você mesmo? Que está fazendo aqui, vestida desse jeito? Que fez de sua vida, de seus sonhos? Onde estão seus ideais, seus planos?

Ela, sem titubear, enumerou suas conquistas, materiais, claro.

– Mas isso é tudo? – perguntou o rapaz com certo ar de indignação.

Márcia, com um misto de sarcasmo e irritação, tentou ponderar:

– Acho que estou bem melhor do que você.

– Você agora se contenta com tão pouco... Não me parece que foi para isso que saiu de casa, foi? Para ter carros, casas, criados e... apenas isso. Onde está o brilho dos seus olhos? A vontade de se tornar uma pessoa livre? Onde está aquela Márcia que sonhava e fazia acontecer? Deixou-se iludir por tão pouco? Será que está mesmo feliz? É isso mesmo que espera da vida? É essa a história que quer escrever?

O rapaz despediu-se e partiu rumo a seu verdadeiro caminho. Márcia indignou-se com tamanha petulância. Ele estava com inveja de tudo o que ela havia conseguido. Ficou chateada, incomodada com aquela conversa. Dois, três dias depois e a história de seu amigo continuava perturbando sua cabeça. De fato, ficara confusa; não estava conseguindo esquecer nenhuma de suas palavras. Tomou coragem e decidiu ver a situação com outros olhos, porém, não gostou nada do que viu: Inveja! Na verdade, era esse o sentimento que nutria em relação a seu velho amigo. Inveja de sua liberdade e de sua coragem. Coragem de dizer não, de optar por viver seus sonhos; coragem de seguir adiante. Márcia se deixara envolver pelo brilho dos metais, mas, havia de concordar, perdera o brilho interior. Tornara-se uma pessoa orgulhosa, avarenta, gulosa. Tinha preguiça de lutar pelo que realmente lhe era caro. Contentara-se com a aparência das coisas. Isso era pouco, muito pouco diante de tudo o que um dia havia sonhado. Sentiu-se triste e fraca diante daquela certeza, mas, ao mesmo tempo, alegrou-se pela possibilidade de reflexão e reorganização de suas idéias; pela oportunidade de tomar de volta o controle de sua vida. Desejou mudar – voltar a acreditar –, voltar o curso de sua história. Entendeu que seria preciso uma virada radical e era sabedora de que essa mudança haveria de ser interna, implicando, com isso, não apenas mudar atitudes, mas sentimentos, crenças e valores. Caso contrário...

Não havendo uma ação interna, uma profunda reflexão acerca do que de fato nos levou a agir desta ou daquela maneira, em pouco tempo estaremos incorrendo no mesmo erro. Seremos levados a uma nova sensação de fracasso, a uma busca de mudança, a um novo arrependimento, a um novo pedido de perdão, e assim sucessivamente. Talvez, antes de qualquer coisa, fosse importante nos permitir sentir profundamente o incômodo da dor, como aconteceu com Márcia, da angústia, do medo e do arrependimento, para que, sob essa pressão, possamos refletir, questionar, compreender e crescer. Só então, aceitar o perdão, apaziguando a alma da forma que melhor nos aprouver, desacorrentando-nos.

Muitas vezes, transformamos nosso passado em pesadas correntes que carregamos vida afora. Em vez de, com o passar do tempo, livrarmo-nos dos excessos, vamos fazendo exatamente o contrário: somamos elos. Aos poucos, vamo-nos curvando diante de tanto peso até que chega o dia em que não conseguimos mais caminhar. Nada disso acontece de forma clara e consciente. Mas como nos livrar de coisas que nos acompanham e incomodam há tanto tempo? Sabemos que ninguém consegue tal proeza do dia para a noite, mas entender que é preciso, desejar a mudança, já é um começo.

Muitas vezes, a partir da constatação de um problema, um pecado, uma mágoa, passamos a desejar nos livrar deles imediatamente e acabamos tropeçando, caindo e desistindo.

O importante é que se deseje sair de uma daquelas situações, que se trabalhe para isso. Mas que seja sem pressa, sem atropelos. Quem pretende curar uma forte dor de cabeça, tomando a caixa inteira de comprimidos de uma só vez, imaginando que o efeito possa ser mais rápido dessa forma, vai, certamente, acabar criando um problema bem maior para si.

O importante é não valorizar o acontecimento, mas, sim, tentar encontrar a melhor forma de vivenciá-lo; de se valer dele, usá-lo como matéria-prima, para um dia transformá-lo em arte, em obra prima.

Vivendo e aprendendo a jogar

"O que nasce da carne é carne; o que nasce do espírito é espírito." Sabemos que nossa natureza instintiva é muito falha. Afinal, somos animais... racionais, mas animais.

Nascemos em estado bruto e como pedras de rio seremos lapidados a cada novo contato, a cada nova jogada. Se não atentarmos para isso, morreremos como animais: gastos, deteriorados e vazios, posto que tudo o que é carne morrerá. Se tivermos sido apenas isso – carne –, não teremos encontrado nem saída, nem felicidade, nem esperança.

Como "nem só de pão vive o homem", temos necessidade de alimento espiritual também; temos necessidade de transcender, de alcançar a beleza que não perece, a poesia e a divindade de cada coisa. Se nos deixarmos levar tão-somente pelos nossos instintos, nos enredaremos tanto que nem saberemos o que deu errado; não entenderemos por que perdemos a partida.

Quando nos distraímos demais com o dinheiro e com o que ele pode comprar, com os sabores e prazeres que a comida e o sexo aparentemente promovem, com o relaxamento ilusório que a preguiça cria, com a impressão de incentivo positivo que a inveja traz, com a sensação de recurso indispensável ao mundo moderno que a ira pretende impor a todos nós, estamos abrindo a guarda e nos permitindo um xeque-mate. E, dessa feita, não morreremos apenas fisicamente.

Ao longo da vida iremos nos deparar com vários momentos de mortes simbólicas: mudanças são mortes para o nosso passado habitual.

Se não tivermos percebido que não somos apenas carne, não resistiremos. O mundo parecerá estar desabando sobre nossas cabeças a cada novo desafio; cada vez que tivermos de galgar obstáculos, cada vez que nos for exigido romper com as amarras do passado.

A vida exigirá de todos nós um eterno recomeço. É preciso reorganizar sempre as pedras no tabuleiro, participar de um "jogo" no qual as etapas a se alcançar vão-se tornando cada vez mais difíceis.

"A quem muito foi dado, muito será exigido", mas, se já tivermos avançado, não teremos motivo para nos preocupar. É possível que o desenrolar das provas seja tão natural que nem as percebamos. Bom-humor, fé, humildade e despojamento serão excelentes aliados para a virada do jogo; para a reciclagem necessária.

O progresso, nesse caso, significará buscarmos aprimoramento não para ser os melhores, os campeões, ou os diferentes, mas para ser aquilo que realmente somos. Esta é a jogada ideal: aceitar de maneira pacífica e reflexiva a nossa natureza, e os convites e desafios da vida.

Toda mudança para ser real e válida tem de passar pela tomada de consciência; ser constatada e assumida, não para condenação, mas para renovação dos próprios erros.

Medo

O medo nos impõe um viver limitado. Tememos perder o domínio sobre as situações que surgem, o domínio sobre nossas vidas. Tememos sofrer e, na verdade, acabamos sofrendo por temer. Temos medo do que não controlamos ou não conhecemos. Quando vivemos o medo, nos enjaulamos em nossas limitações. Deixamos de ousar, de acreditar, de experimentar. Deixamos de viver. Optamos por nos esconder em "abrigos antimedo" e não nos damos conta de que esses são, na verdade, bem mais perigosos do que nossos antigos temores. Lá dentro, não conseguimos respirar, não há expansão, não enxergamos as coisas com clareza. São "lugares" sombrios e frios, gradeados por nossa própria mente, que impedem o nosso crescimento. Temos medo quando nos sentimos vulneráveis ou incapazes, quando experimentamos nossa natureza finita e precária.

Nas situações mais difíceis nos desesperamos, sentimos medo a partir de nossa sensação de impotência. Não sabemos não fazer. Transformamo-nos em fazedores compulsivos, ansiosos. Não deixamos acontecer; fazemos! Acabamos nos estressando muito além do necessário. Confundimos responsabilidade com aceitar a vida como ela é. Lidar com ela em vez de tentar controlá-la. Nem sempre podemos tudo e aí nos sentimos ameaçados, frágeis, mortais.

Vivemos como poderosos mortais, aspirantes a deuses, perfeitos e soberanos. Não sabemos viver nossa natureza humana quando conscientes de como ela é. Procuramos logo nos cercar de coisas e pessoas; procuramos os tais "abrigos" para não nos sentir "à mercê do amanhã". Não entendemos a proposta revitalizadora que existe nesta natureza dinâmica da vida.

Precisamos nos abrir a novas regras e procedimentos, entregar-nos a uma nova maneira de ser e de viver, mais ampla, mais desapegada, mais livre e mais sã.

É necessário buscar em nós o ponto em que nos perdemos de nós mesmos; adaptamo-nos ao ritmo alucinado que imprimimos as nossas vidas, com tantas preocupações, tarefas e desejos pessoais desenfreados, que acabamos perdendo a ligação mais natural e autêntica com a vida, mudando nossos propósitos.

"Que adianta ao homem ganhar o mundo, se perder sua alma?" O grande problema é que tudo isso, além de ser normal, no sentido de todo o mundo agir dessa forma, ainda costuma ser incentivado.

E é assim que nos perdemos uns dos outros e também de nós mesmos. Às vezes, tornamo-nos até pessoas de sucesso, mas com uma tremenda sensação de vazio ou falta de sentido para viver. Buscamos, então, cada vez mais nas coisas materiais ou nas pessoas a satisfação que, achamos, irá nos preencher.

Quem teme o escuro, por exemplo, pode estar temendo, na verdade, o que estiver escondido ali. Ou temeria o que pode estar escondido em si? Quem sabe, tema deparar-se com suas tantas limitações...

Nesses "encontros", muitas vezes, sentimo-nos incomodados e limitados pela falta de luz. Não a elétrica, mas a própria luz. Aquela capaz de nos guiar e de nos mostrar direções. Buscamos então uma solução rápida, capaz de nos livrar daquele incômodo. Buscamos ajuda, lanternas, companhia – essas resolvem apenas até o próximo "blecaute".

Quando vivemos o pecado, geralmente, sentimos medo, tememos o castigo que, segundo dizem, tarda mas não falha. Esse medo é gerado por uma angústia real: a culpa. "Erramos", portanto, devemos "pagar", pensamos. Por isso, o castigo há de vir "compatível" com a grandeza de nosso pecado.

Em outras situações, também, mesmo aquelas em que não exista um pecado "reconhecível", daqueles "cadastrados", nos culpamos: "Poderíamos ter sido mais compreensivos, mais caridosos, mais receptivos, mais isto, mais aquilo..." Poderíamos mesmo? Fizemos o que nos foi possível fazer, sendo o que somos naquele dado momento.

Ninguém é perfeito, nem é esse o caminho a ser almejado. Somos humanos e a perfeição que nos cabe é o exercício cada vez melhor do amor e o reconhecimento de nossas fraquezas e limitações, o que nos fará mais verdadeiros e pacíficos, desejosos de paz e de solidariedade.

Felicidade

Buscamos a felicidade como podemos. Geralmente, pensamos nessa tal de felicidade como facilidade, sorte. Achamos que nada temos a ver com sua obtenção. Sonhamos com a felicidade como idéia, ideal. Não trabalhamos para chegar a ela, e quando o fazemos, é de uma forma estilizada, pouco real. Fantasiamos; não a entendemos como resultado a ser alcançado, mas como um objeto de consumo. Um presente que se ganha ou não. É preciso buscá-la; entendê-la.

Precisamos acordar de nossos sonhos, escrever nossos roteiros, revisá-los, atentar para os detalhes, envolvermo-nos com o que nos está acontecendo e perceber como estamos reagindo. Não se trata de descansar e esperar pela sorte. Trata-se de investir em uma eterna transformação, estar presentes; alegrarmo-nos por sermos cada vez mais capazes de sentir satisfação e sentido nas mínimas coisas. Não ficar colocando grandes expectativas em tudo, mas viver o momento com o que ele nos trouxer; na verdade, é tudo o que temos: o momento presente; todo o resto é resistência em vivê-lo. Temos medo de sofrer e, por conseguinte, acabamos, muitas vezes, optando por pecar.

Conseguimos, através dos pecados, uma falsa sensação de proteção, de alívio ou satisfação. Deixamos, na verdade, de aprender; deixamos de viver o que nos cabe. Perdemos a riqueza do momento presente. Condicionamos nossa felicidade ao que julgamos importante para nós. Não enxergamos o todo, não entendemos nada e nos afastamos do momento. Perdemos a oportunidade de novas vivências e nos lançamos à idealização sobre o que é ser feliz. A felicidade é ser capaz de senti-la. Sermos capazes de enxergá-la aqui e agora. É sorver da vida cada gota e absorver da gota sua verdadeira essência.

Sinal vermelho

Está no código: devemos respeitar as leis do trânsito sob pena de ...

Pois é, temos todos os direitos, mas também limites a serem respeitados. Na busca de sobrevivência em meio ao caos de nossas cidades e, muitas vezes, de nossas vidas, os pecados são como sinais vermelhos que deliberadamente avançamos. Com isso, causamos sérios acidentes de percurso: batemos, atropelamos ou apenas somos multados. Raramente, entretanto, aceitamos essa multa como uma justa conseqüência por um ato indevidamente praticado. Recorremos a requerimentos ou advogados, mas, dificilmente, assumimos nosso comportamento inadequado; jamais olhamos a questão com a devida seriedade.

É certo que a maioria de nós não gosta de parar em seus sinais vermelhos. Na verdade, não os achamos necessários. Geralmente, passamos dos limites sem notar a gravidade da situação. Não temos discernimento para reconhecer quando estamos invadindo o terreno alheio, já que o ser humano tem sede de tudo poder; de experimentar o que bem desejar. Assim passamos do ponto. Causamos males com os nossos excessos, o que resulta em graves conseqüências para todos.

É, mas ainda não chegamos na pior parte dessa história: em vez de parar e reconhecer o fato, seguimos buscando justificativas; seguimos fazendo o que parece mais conveniente. Não pensamos sequer na possibilidade de estarmos prejudicando ou ferindo a quem quer que seja. Desejamos, sim, e apenas, sair impunes do tal incidente com nossa destreza ou esperteza. Pobres de nós! Não percebemos nada.

Mesmo os primeiros colocados em malandragem desconhecem por completo que são eles próprios suas primeiras vítimas. O que fazemos aos outros ou eles a nós é reflexo das crenças e experiências vividas, daquilo que somos e de como encaramos a vida.

O que será que andamos fazendo por aí? Nem sempre isso será claramente identificável por nós. Então, por que não ouvirmos algumas das reclamações das pessoas mais próximas? Precisamos ouvir para valer, deixando doer, se necessário for.

Talvez estejamos cegos aos nossos próprios "deslizes", causando muitos problemas aos outros e a nós mesmos também.

Sabemos reclamar do erro alheio, mas quando somos nós os causadores de tal infração, defendemo-nos, fechamo-nos. Não ouvimos, não sentimos, não deixamos entrar. O mal que causamos só doeu no outro, não doeu em nós. Por isso, não achamos que haja necessidade de assumir o que foi feito, de arrependimento, de pedir perdão. Nada aconteceu! De tudo, restou a mágoa do outro para conosco e a nossa incapacidade de nos ver a nós mesmos, como de fato somos e não como imaginamos ser. É uma pena quando perdemos a oportunidade de enxergar as coisas com mais clareza. Se pudéssemos tê-las aproveitado, seria possível ir muito além, mudando dessa forma a qualidade do nosso viver. Não devemos ficar apenas e tão-somente ligados a coisas concretas e materiais. Temos sentimentos, alma. Sofremos e nos machucamos, e para tais questões não existem remédios convencionais. Esses não chegariam tão fundo em nós. Pensemos nisso.

Infelizmente, na maioria das vezes, só nos permitimos esse pensar quando sentimos doer em nós. É justamente nesse momento que temos a oportunidade de optar: podemos escolher entre uma mudança de percurso, buscando uma nova estrada, atentos à sinalização, ou podemos decidir continuar alienados. Essa é uma decisão de cada um, pessoal e intransferível.

Sinal amarelo

Sem disciplina, critérios, reflexão, acabamos dobrando a esquina sem prestar atenção à sinalização de advertência. Quanto mais temos, mais achamos que precisamos. Pecamos. Imaginamos que para aproveitar a vida basta colocar o pé no acelerador, pura adrenalina. Viramos fazedores compulsivos e geramos mais e mais necessidades para nós. Buscamos sempre algo melhor, mais bonito, mais isso, mais aquilo. Parece que não queremos enxergar nossas limitações, as sinalizações. Olhamos as pessoas e as coisas com olhos idealizadores.

Temos de parar e tentar entender o que de oculto está em nós, gerando tanta necessidade de satisfação e tanta dificuldade de aceitação! Seria importante dar atenção à sinalização que aparece em nosso caminho. São chamadas importantes. As respostas estão em nós, mas, às vezes, não conseguimos parar e ficar presentes.

Estamos sempre indo a algum lugar ou temos alguma coisa a fazer. É difícil nos aquietar, permanecer, sentir e chegar mais perto de nossas carências e deficiências.

Somos ensinados a buscar o êxito, aproveitar a vida. Somos levados a ultrapassar os sinais na ânsia de obter vantagens. E onde entra a tal disciplina? Em tudo. Precisamos entendê-la não como algo chato e cerceador, mas como um trato pessoal diário, um monitoramento a nosso favor. Um cuidado pessoal que evita acidentes.

Temos muita coisa a decifrar em nós mesmos; apelos desenfreados a domar. Sem disciplina, deixamo-nos levar sem buscar os ajustes que sempre precisamos fazer. Não podemos esquecer de checar nossos níveis de comprometimento e compreensão. É bom lembrar: nossa vida é uma produção nossa, uma estrada particular. Sem disciplina, não somos capazes de discernir entre o amarelo, o verde e o vermelho. Ficamos estagnados quando a passagem está livre ou corremos o risco de não entender os avisos de advertência, ultrapassando os limites da sensatez, dificultando nosso percurso e até o caminho mais desejado.

SINAL VERDE

Tarefa difícil esta de seguir adiante, quando nós mesmos nos incumbimos de bloquear o caminho. Fechamos as estradas, impedimos o fluir natural das coisas, da vida. Somos, muitas vezes, tomados de assalto por nossos medos, erros, pecados, e estagnamos. Estressamo-nos. Paralisamos, mas não fazemos nada para mudar o rumo das coisas. Reclamamos, culpamo-nos, culpamos o passageiro ao lado, e, no entanto, se tentássemos relaxar, escutar... Se tentássemos entender o significado daquele momento, certamente conseguiríamos ver a tão falada luz no final do túnel. Não é simples, tampouco impossível.

É preciso, antes de qualquer coisa, nos permitir olhar a estrada, sem óculos escuros nem lentes de aumento. Olhar como quem busca descobrir o novo. A melhor trilha muitas vezes é aquela que não nos parece tão óbvia, tão provável. O importante é acreditar, seguir em frente.

Detalhes

A vida é muito maior do que nossos olhos mortais são capazes de enxergar; muito maior do que as nossas pequenas lamentações do dia-a-dia. Às vezes nos torturamos, nos prendendo a detalhes, quando, na verdade, a resposta está na amplitude, na grande proposta que é viver. Se nos deixarmos fixar a cada novo item, a cada nova etapa, não nos disponibilizaremos ao verdadeiro aprendizado, à compreensão de que não somos apenas nós, com nossos problemas e pecados. Há muito mais além disso.

Se desejarmos viver de uma forma mais leve, será preciso nos liberar desse aprisionamento no qual temos nos permitido viver, prendendo-nos ao orgulho, à ira, à gula, à preguiça e por aí a fora; prendendo-nos ao medo e à dúvida. Tememos o desconhecido e nos escondemos atrás do que imaginamos ser mais seguro: os nossos velhos problemas. Com eles, de alguma forma, já sabemos lidar. Reclamamos, choramingamos, sofremos, mas vamos seguindo, arrastando-os. Por que não arriscamos o novo de vez em quando? Pode dar certo. Por que não confiamos, não acreditamos na vida como um presente em vez de encará-la como um fardo pesado a ser carregado? Por que não nos permitimos a felicidade de vez em quando?

De certo que a vida não é um conto de fadas e o "foram felizes para sempre" está longe de ser real, mas isso não significa que não temos direito a muitos momentos plenos. Temos sim, todos, basta nos permitir.

É preciso entender que seremos merecedores a partir do momento em que trabalhemos a nosso favor. Desde que optemos por um viver mais simples. Falar é fácil, mas se não tentarmos mudar, se não desejarmos...

Se a lâmpada está queimada e não providenciamos uma nova, ficamos no escuro, privando-nos de tantas coisas. Reclamamos, tropeçamos, esbarramos aqui e ali e podemos acabar seriamente machucados. O mais natural seria tomar uma providência a respeito. Nem sempre é tão simples, sabemos. Até mesmo o fato de comprar uma lâmpada nova, dependendo da situação, pode ser uma tarefa que exija esforço. No mínimo, precisaremos sair de nossa atitude passiva e limitada de ficar reclamando no escuro, de ficar com pena de nós mesmos, achando-nos vítimas da sorte por estarmos passando por aquela situação e, ainda por cima, justo naquele momento. Isto vai exigir de nós uma mudança de comportamento, uma atitude concreta e positiva em direção ao problema. A lâmpada é apenas uma pequena metáfora diante da grandeza de nossas vidas.

Dar e receber

Passamos a vida inteira ouvindo teorias sobre a importância de saber dar. Não questionamos tal valor, mas seria fundamental que também aprendêssemos a receber. Alguns de nós têm uma grande dificuldade em aceitar, sejam os presentes ou as cobranças que a vida nos oferece. Ambos igualmente importantes.

Vez por outra, ao receber algo, sentimo-nos na imediata obrigação de retribuir. Não conseguimos exercitar a naturalidade de apenas receber.

Em outras ocasiões, não nos julgamos merecedores e, automaticamente, rejeitamos o que vem ao nosso encontro, seja uma palavra de carinho ou um belo puxão de orelhas. Não relaxamos diante da vida e de suas evidências. Ficamos cobrando de nós mesmos uma postura sempre adequada, um fazer por merecer, uma resposta sempre na ponta da língua, um fundamento, uma lógica para tudo. Preocupamo-nos em não desapontar os outros e acabamos esquecendo de nós mesmos e nos prendemos. Perdemos a tão fundamental liberdade. Sem ela, não chegamos à – igualmente importante – individualidade: ato de se tornar um e chegar a realizar e a entender aquilo que somente cada um pode, através de um olhar mais claro e mais atento sobre cada coisa e sobre si mesmo.

Só assim o nosso dar poderá ser pleno e sincero, fruto de um transbordamento daquilo que o nosso coração já deverá estar cheio a essa altura.

Amizade

Se perguntamos a Fulano se tem amigos, responderá que sim. Uns quase 90. Mas, 90% desses 90 estão a nove, dezenove, nove mil quilômetros de distância. São pessoas queridas, importantes, mas que, por diferentes motivos, fizeram-se distantes. Estão presentes no sentimento, na lembrança, no carinho, mas não podem estender a mão a qualquer momento. Têm outros envolvimentos... Ah! Então, não são amigos! Não?

A amizade nem sempre pressupõe uma presença física e constante ao nosso lado, apesar de que não há como negar que é muito bom desfrutar da companhia de quem se gosta. É bom ter com quem dividir, conversar, brincar e até reclamar. É bom ter com quem trocar figurinhas, falar abobrinhas, olhar vitrina, sair por aí... É bom ter com quem tomar uma cerveja no boteco da esquina, dividir a sobremesa e a culpa de engordar. Ir ao cinema, "fofocar"...

Mas, talvez mais importante do que isso seja saber que a nossa presença faz toda a diferença, que, a despeito de qualquer raciocínio lógico, somos importantes para alguém. Mais importante do que isso é ter a certeza de que mesmo do outro lado do mundo um amigo querido nunca está longe de nós... Mas, o mais importante, de fato, talvez seja nos lembrar de que somos capazes de semear, cultivar e viver amizades com plenitude. Nada cai do céu, assim, por acaso. Construímos nossas amizades, mesmo aquelas que parecemos não ter escolhido.

Pois é... Mas o que tem a amizade a ver com os pecados nossos de cada dia? Talvez mais do que possamos, apressadamente, avaliar. Para desfrutar uma amizade precisamos, antes de qualquer coisa, respeitar os limites de cada um: os nossos e os dos outros. Cobrar condutas irrepreensíveis e impecáveis sem desvios de quem quer que seja é o mesmo que não lhe dar espaço para ser.

Todos temos o direito de tentar, errar, buscar, voltar, duvidar e decidir da maneira que melhor nos aprouver. Não é julgando o comportamento dos outros que os estaremos livrando do mal, nem protegendo nossa amizade. Ao contrário. O que é preciso, de fato, é abrir espaços para nossa capacidade de dar e receber.

Setas

As estradas precisam de sinalizações e nós, de olhos e entendimento para conseguirmos enxergar, discernir e optar por nossos caminhos.

As setas indicativas mostram a direção, mas a decisão de segui-las ou não é sempre nossa. Está tudo em nossas mãos. Possuímos o livre-arbítrio; cada um de nós é, ao mesmo tempo, passageiro, tripulante, comandante e sinaleiro da própria vida. Não podemos ser sempre iguais, exercendo as mesmas tarefas e funções por toda a vida. Temos a capacidade de ser pais e filhos de uma só vez; professores e aprendizes; vítimas e algozes de nós mesmos.

Precisamos uns dos outros sim, já que exercemos diferentes funções a cada momento, mas se faz necessário estarmos atentos ao fato de que, enquanto setas, levamos o outro ao seu destino, sinalizamos um rumo e não a nós mesmos. Quando vemos uma delas indicando São Paulo, por exemplo, não significa que São Paulo seja ali, naquele ponto. Ela apenas nos orienta e nos mostra o melhor caminho.

Parte I
Refletindo sobre a fé

Um salto no escuro

A capacidade de sentir e desenvolver a fé é um dom reservado só a alguns? Não exatamente. O ser humano tem o direito de escolher a forma como pretende viver a sua vida: voltado para si mesmo ou na busca do que o transcende. O primeiro caminho é cheio de limitações e conseqüentes sofrimentos, em função da falta de sentido maior para viver. Nossos recursos e metas se esgotam muito rapidamente, se vivemos apenas em função de nossa humanidade precária e canibalesca.

Quando vivemos tão-somente essa dimensão, buscamos apenas vencer e desfrutar; não vislumbramos o amor e o bem comum. Vivemos para os nossos próprios interesses. Quanta miséria!

Não conseguimos nos abrir para sermos amados e, muito menos, para amar a nós mesmos. Mas isso há que ser experimentado. Não adianta ser discutido em tese.

O homem pode ser agraciado pelo amar, contudo, precisa voltar-se para esse caminho. Há que renunciar a algumas coisas para que possa alcançar outras. É bom lembrar que essa peregrinação será feita à medida que conseguirmos abrir nosso coração. Não acontecerá, simplesmente, buscando evidências racionais. Será sempre um salto no escuro. "Não é possível servir simultaneamente a dois deuses." Nossa escolha há de caminhar para a radicalidade, ou ficaremos sem saber coisa alguma.

Ser religioso

Muita gente acha-se religiosa, mas não é. Outros não se acham e são, mas tudo depende do que praticam. Não é uma questão de credo, o que vale é a ação, o que se vive na prática. Quem é religioso percebe que existem coisas que estão além de suas capacidades; que a vida não é uma ciência exata que se possa manipular e prever; que não controlamos nada, apenas temos essa sensação, desejo e necessidade.

Ser religioso é admitir-se frágil diante da grandiosidade das pequenas coisas, mas é, sobretudo, fortalecer-se com elas. É um amar amplo e intenso, bem diferente daquele ao qual nos acostumamos: amor de folhetim, idealizado, amarrado a preceitos e a preconceitos. Não se trata de um amor que busca possuir, mas oferece de forma abrangente; não visa a cobrar, mas aceita o que a vida propõe a cada esquina, a cada instante. Para isso há que se permitir crescer. É preciso perder o medo, soltarmo-nos. É o medo que gera muita necessidade de segurança; faz-nos acreditar que pessoas e coisas podem livrar-nos de sofrimentos. Não podem! Por medo de sofrer, acabamos nos escondendo de nossas verdades, inventando personagens para nós e, pior, acreditando nessas invenções.

Ser religioso pressupõe humildade diante do mistério da vida. Deixar-se levar, não pela lei do menor esforço, mas pelo entendimento de que o rumo das coisas não está inteiramente em nossas mãos. Portanto, não temos o controle sobre a vida. Precavemo-nos como podemos, como sabemos, mas algo sempre nos escapa ao controle. Se não nos permitimos relaxar, desesperamo-nos. Sofremos além da conta. "Pecamos" por cobrar de nós e dos outros as soluções milagrosas para todos os nossos problemas.

Ser religioso, de fato, pressupõe a visão do pecado como parte da vida. Viver é isso. Errar muitas vezes. É o que nos torna mais iguais, mais compreensivos, mais humanos, mais humildes. Sabermo-nos impotentes diante das várias situações da vida nos ajuda a redimensionar nossa ação no mundo. Às vezes angustia, deprime, desilude. Sempre achamos que somos mais poderosos e capazes do que realmente somos. Se entendermos as mensagens da vida, religiosos ou não, teremos a escolha de não mais brincar de semideuses, seguiremos como humildes aprendizes.

DEUS E A PSICOLOGIA

Muitos de nós temos dificuldades de entender essas coisas espirituais na prática, fazem-nos parecer tolos ou sonhadores; mas a alma humana, mais cedo ou mais tarde, acabará necessitando de respostas mais convincentes, caminhos mais claros, uma busca espiritual mais intensa e verdadeira. Por que não dizer que, mais cedo ou mais tarde, a alma humana acabará necessitando de Deus? Dependerá de cada pessoa, de sua forma de sentir e crer. Deus terá um nome, uma forma, um conceito diferente. Nosso objetivo não é discutir religião, mas pensar este caminho, normalmente tão pouco divulgado e ainda menos incentivado, que é a fé. Hoje em dia, até a ciência já começa a tatear os benefícios da fé. Claro, tudo vira atrativo quando apresentado como um bem de consumo. Mas não sejamos tão severos, afinal, vivemos em um mundo material guiado por suas próprias regras; por isso a fé é vista de maneira estanque, opcional, alternativa.

Nosso mundo especialista e dividido em compartimentos trata de um pé sem querer saber de quem é; nem se preocupa em entender este sinal dentro do contexto particularizado do sujeito. Achamos que fé é só para as horas dedicadas aos cultos e momentos de oração.

Não andamos por aí divididos, ou andamos?! Somos um todo, o tempo todo! Não há como deixar para a hora certa o exercício de nossa fé. Isto acontece, ou deveria acontecer, integrado a cada coisa pela qual estejamos passando. Somos o que fazemos, o que respondemos, o que queremos.

Às vezes, temos a tendência de achar que essa coisa de fé é apenas uma maneira de escapar de nossos problemas, de fugir às nossas responsabilidades, entregando tudo nas mãos de uma dita força superior. Em outros momentos, imaginamos tratar-se de um anestésico útil que, caído dos céus, será capaz de apaziguar nossas dores. Em outras situações, ainda, não nos damos o trabalho de pensar muito no assunto, mas, rapidamente, nos lembramos destas coisas maiores quando roncam as primeiras trovoadas... São muitas as dúvidas e infinitas as perguntas que afloram quando nos dispomos a pensar no assunto.

Tudo vai depender da fé de cada um, da forma de sentir ao longo da vida; do trilhar ou não um caminho diferente. Mas será que estamos nos permitindo experimentar os milagres cotidianos?

Deveríamos nos abrir para isso, buscando sentir essa realidade de maneira natural e desmistificada em nossas vidas; uma mudança de sentido, de rumo, de metas: um renascimento baseado em novas regras. Sem atentar para tudo isso, vamos vivendo como se fôssemos deuses – soberanos, capazes, oniscientes. Quando nos sentimos tocados, atingidos por essas experiências, vamos entendendo nosso lugar no universo.

O ser humano distanciou-se desses valores maiores e, ao mesmo tempo, básicos como do amor pelo seu egoísmo – vontades, desejos, necessidades próprios – fechou-se em si mesmo; construiu suas próprias verdades para nelas se sustentar. Vivemos com medo, sentindo-nos perseguidos, invejados, irritados, ansiosos, apegados. Como ter paz com tantos sentimentos para administrar?! Pois bem, é preciso olhar para dentro, para nós mesmos; entender nossa trajetória; voltar pelo caminho que fizemos, como quem perde alguma coisa e tenta achar de novo; entender os passos que demos, as escolhas que fizemos com o que recebemos como herança material inicial. Mas isso não é tudo!

Para onde estamos indo? Estamos conscientes de que temos sempre escolhas a serem feitas, apesar de, freqüentemente, sentirmo-nos encurralados pela própria vida? Não estaríamos apenas tentando melhorar para sermos mais "felizes" mesmo que passando por cima de tudo e de todos?!

Antes, quando crianças, tínhamos menos escolhas. Fazíamos as coisas movidos apenas por nossos desejos, à luz de nossa imaturidade, depois, já mais amadurecidos, sempre tivemos a chance de buscar um novo desenrolar, um questionamento, uma nova forma de pensar e conduzir a vida, por opção, ainda que difícil ou aparentemente impossível. Mesmo que seja confuso, abstrato ou pouco palpável, um dia ansiaremos por nos liberar de nós mesmos, de nossas conformidades e misérias e tentar algo maior que a nossa própria natureza precária e animal: o amor verdadeiro. Precisaremos, acima de tudo, de muito discernimento e luz para sermos conduzidos nesta reconstrução, nada simples, nada valorizada, desse nosso existir multidimensional.

Auto-suficiência ou fé?

Mesmo quando rezamos pedindo a Deus o que achamos necessitar, nem sempre ou quase nunca, confiamos Nele. Tendemos a achar que essas coisas não funcionam ou, pelo menos, não mais do que nossas ações concretas – aquilo que pessoalmente podemos realizar para garantir que tudo sairá a contento. Portanto, o que temos de sobra não é fé, mas auto-suficiência: fé naquilo que podemos fazer; fé em nós mesmos! A não ser na hora do aperto, naquelas em que a medicina já não tem o que fazer, ou só mesmo o prêmio da loteria para nos tirar do sufoco, e, nesses casos, esperamos por um milagre! É bem verdade que nem sempre, sequer, acreditamos em milagres... mas, quem sabe possamos ser surpreendidos desta vez!

Precisamos de algo que nos salve, "talvez assim eu até acredite nessas coisas..." Pobres de nós que somos assim! Ainda que tudo esteja acontecendo 24 horas, nós não percebemos, pois ávidos e desesperançados, estamos buscando seguranças mais plausíveis.

Não acreditamos plena e constantemente nessa força maior. Acabamos sempre priorizando outras coisas: vamos à luta primeiro e, depois, se nos restar tempo, um espacinho interno, "brincamos de acreditar". Brincamos? É, em geral buscar uma compreensão maior de todas as coisas não é nosso objetivo principal e mais sério. Não perdemos tempo nem investimos tanto quanto com o jogo da loteria, com as obras da casa de praia, com o trabalho que queremos conseguir ou com um amor que desejamos conquistar. Até rezamos, meditamos, buscamos evoluir espiritualmente, mas... Como é difícil seguir a voz do coração!

Nossas limitações

O ser humano é limitado nos recursos de que dispõe para chegar a sua libertação, felicidade plena e paz.

Às vezes, é nítida a sensação de que "nadamos, nadamos e acabamos morrendo na praia". Muitas vezes não encontramos saídas lógicas e concretas para os nossos problemas. Não. Não podemos tudo! Por vezes, pensamos que sim e nos inchamos de orgulho e poder. Achamos que tudo é uma questão de estar na hora certa, no lugar certo e com as pessoas certas; que basta batalhar um pouco, ter um pouco de sorte e logo estaremos lá. Mas, seguindo essa mesma linha de raciocínio, chegaremos invariavelmente ao "morreu, acabou". Ou ainda, "se Deus existe, deve ser muito injusto", ou, talvez, "não vou ficar aqui feito tolo esperando que Deus resolva por mim".

Experiência! Esta pode ser a chave que tanto buscamos. Experimentar, vivenciar... sempre chega o dia em que algo de curioso, misterioso ou inacreditável acontece e nos convida mais diretamente a nos abrir ao "ilógico", ao indizível, a uma experiência com essas coisas que tanto questionamos, rejeitamos, tememos ou com as quais nos intrigamos. Mas relutamos: "A vida é aqui e agora e ficar pensando em Deus ou nessas coisas não enche a barriga de ninguém..."

Pois é, os parâmetros são diferentes. Os que vivem, experimentam a fé, têm um olhar diferente para o mundo. Buscam viver o amor, a partir do amor e para mais amar. Buscam ir além. Vêem a si próprios e aos outros como seres amados e preciosos, cada um com suas características, mas todos igualmente valiosos.

Geralmente, não temos essa dimensão ao viver nossa vida cotidiana; quando nos contentamos em olhar apenas até a esquina. Geralmente, vivemos para nós mesmos, querendo sempre mais e do jeito que queremos. Não nos importamos nem percebemos se ferimos ou rejeitamos alguém. O que importa, de fato, são nossas metas, nossos desejos. Fugimos de uma vida tediosa e sem sentido, buscando motivações para não desanimar. Isso, entretanto, não nos leva à realização plena, à felicidade nem à paz. E quando, por vezes, temos essa impressão, ela rapidamente se desfaz e se mostra passageira e ilusória. Não nos abrimos à vida, não baixamos a cabeça para os mistérios da criação nem reverenciamos o que não vemos. Comportamo-nos como senhores absolutos.

Precisamos nos libertar de nós mesmos, de nossa miséria interior; nossa forma pequena e mesquinha de pensar e viver. Em vez de termos como metas satisfazer todos os nossos caprichos, deveríamos pensar mais em nos libertar deles. Geralmente, entendemos tudo truncado, por exemplo: a idealização da riqueza e o que ela traz! Não é rico quem tem muito, mas quem não precisa de nada em especial para estar feliz.

E o pobre? Já vimos o pobre como aquele que tem tudo e nada consegue fazê-lo feliz?

Só aceitando gradativamente os convites que sutil e quase imperceptivelmente vão sendo feitos no dia-a-dia é que caminharemos espiritualmente também. Precisamos estar atentos e valorizar essas questões, pois daí virão coisas que jamais poderiam vir de outras fontes e nunca nos fariam seguros, plenos ou felizes.

Parte IV
Refletindo sobre os pecados

- **Orgulho**
- **Avareza**
- **Inveja**
- **Preguiça**
- **Gula**
- **Ira**
- **Luxúria**

Orgulho

> "Amor próprio; soberba."
> (*Dicionário Aurélio da Língua Portuguesa*)

O ORGULHO DE SOFIA

Podemos descrever Sofia como uma mulher correta, digna e justa. Uma pessoa em busca de equilíbrio. Gosta de bons livros, boa música e bons filmes. Tem por hábito freqüentar uma videolocadora perto de sua casa e, geralmente, fica com os filmes por apenas um dia, não mais do que isso. Na segunda-feira, como de costume, passou na locadora para os acertos de conta daquela semana. Surpreendeu-se. O funcionário afirmava categoricamente que ela havia ficado com o último filme que pegara. A bem da verdade, Sofia não ficou apenas surpresa, mas indignada. Tinha absoluta certeza do que estava dizendo e a atitude do rapaz estava sendo totalmente despropositada. E o pior de tudo era sua insistência. Queria provar por "a mais b" que tinha razão. Sofia irritou-se:

– Isso não passa de um grande equívoco. Seu computador só pode estar com defeito. Tenho absoluta certeza do que estou dizendo... – Afinal de contas, pensou, "eu nunca erro!"

Como Sofia era freguesa da loja e sempre fora corretíssima em seus pagamentos e atenciosa com todos os funcionários, o rapaz calou-se e, apesar de todas as provas em contrário, tentou convencer-se de que havia mesmo cometido um erro.

Sofia continuou irritada com a história por um bom tempo até que... de repente, lembrou-se de que na véspera surgira um compromisso inesperado que a impossibilitara de devolver o filme. Tinha mesmo saído de casa com esse objetivo, inclusive o filme estava no carro, mas atrasou-se e... "Meu Deus! Não é que ele tinha razão. Coitado! A única coisa que me resta é pedir desculpas."

E assim foi feito. Sofia saiu de casa imbuída de altruísmo e coragem e foi humildemente desculpar-se com o funcionário.

Ponto para ela? Não exatamente. Na verdade, o que a motivou a agir daquela forma foi a vontade de zerar a situação, corrigir seu erro, virar a página. Desejou colocar as coisas em seus devidos lugares, mas não conseguia notar que o estava fazendo apenas externamente. Por dentro, havia em Sofia uma grande dificuldade em assumir e especialmente em lidar com o erro. Considerava-se uma pessoa infalível. Era impossível para ela descer de seu pedestal e verificar quem era de fato. Em sua cabeça, estava livre de errar, de causar prejuízos a quem quer que fosse. Julgava-se tão especial a ponto de imaginar que, ao pedir desculpas, apesar de estar-se prejudicando e se humilhando, estava exercitando a justiça. Tentava, desta maneira, ficar bem consigo mesma e com o resto do mundo, mas não conseguia dimensionar a superficialidade de sua atitude. Perdia com isso a oportunidade de um mergulho mais profundo; de abrir-se para si mesma, conhecendo-se mais e defendendo-se menos. Deixou escapar a possibilidade de tornar-se mais real, mais simples, mais verdadeira; de tornar-se responsável por suas atitudes e, conseqüentemente, menos nociva. Optou por usar, mais uma vez, todos os seus conhecidos mecanismos de defesa que a protegiam de suas autofrustrações e desilusões, mas que, na verdade, só faziam crescer o seu orgulho.

Pois é, às vezes imaginamos poder resolver todos os nossos problemas com um simples pedido de desculpas, mas o importante, de fato, é o que percebemos em nós mesmos em nossas atitudes, em nossas reações, em cada situação vivida. Há que se pensar, ponderar, analisar.

A exemplo de Sofia, uma pessoa orgulhosa pedir desculpas ou tentar reparar seu erro pode significar, ao contrário do que possa parecer à primeira vista, nada mais do que o pleno exercício de seu orgulho. Dessa maneira, estaria, de forma consciente ou não, sentindo-se mais uma vez superior. Errou, mas assumiu o erro e até pediu perdão. Seria, portanto, uma pessoa merecedora de aplausos e reconhecimento? O importante, na verdade, seria aproveitar o ensejo para o tal mergulho interno, buscando compreender melhor sua atitude e perceber-se como de fato é.

Entretanto, mais uma vez, há que se ter cuidado com as armadilhas e artimanhas do orgulho. Sofia, ao se enxergar tão prepotente, orgulhosa e agressiva, poderia entrar em depressão e estar mais uma vez agindo de forma orgulhosa. Estaria, na verdade, supervalorizando sua dificuldade; colocando-se no lugar de vítima, sentindo-se perdida na vida. De nada teria adiantado então o confrontar-se consigo mesma. O importante teria sido reconhecer o seu erro sem preocupações com a resposta externa, mas com o que haveria de ser feito, internamente, com essa descoberta.

A coisa mais difícil da vida é vencer a nós mesmos, aos poucos, conforme as situações vão surgindo. A busca por perfeição deve ser reconhecida como um falso amigo, ela pode estar servindo apenas ao nosso orgulho e nos defendendo da verdade sobre nós mesmos.

EU SOU MAIS EU

O orgulho representa nossa dificuldade em ver a nós próprios como realmente somos. Fechamo-nos na imagem que criamos e adiamos, camuflamos, enfeitamos tudo para não enxergar a natureza de nossos atos, nossa essência. "As verdades não estão ocultas. Elas são evidentes. Nossos olhos é que estão encobertos, saturados, sobrecarregados com memórias, com preconceitos que desfiguram o que está a nossa frente."

Em geral, buscamos justificativas para nossas atitudes, mas, no fundo, não há como negar: somos todos, em maior ou menor proporção, pessoas orgulhosas. Facilmente, tornamo-nos agressivos em resposta a determinadas atitudes que, de alguma forma, nos desagradaram e temos a tendência a dar o troco na mesma moeda. E, ainda por cima, é comum sermos vítimas nessas (e em outras tantas) ocasiões, imaginando não merecermos tal atitude. Ativamos nossa autopiedade em vez de olharmos os fatos com responsabilidade e disponibilidade.

Reconhecer nossa falibilidade e entender que não nos cabe "atirar a primeira pedra" são atitudes fundamentais para sair desse círculo vicioso de cultivo de nossas próprias idéias.

Se permanecermos no orgulho, apenas acirraremos nossas defesas e seremos sufocados em nosso isolamento com pensamentos do tipo: "Eu estou certo, você é quem errou"; "Tive a melhor das intenções e é isso que recebo em troca?"

Mesmo quando estamos certos, se o orgulho (prepotência, vaidade, arrogância) se faz presente na forma de reação àquela situação, acabamos por perder completamente a razão e a lógica; acabamos por deixar que sentimentos sem propósito tomem conta de nós, e, pior, ficamos do mesmo tamanho que antes.

Na verdade, só teremos buscado estar com a razão. E, se assim for, sofreremos pela incapacidade de ver o passo que poderíamos ter dado se tivéssemos enxergado a nós mesmos.

Escudo protetor

O orgulho muito freqüentemente aparece sob diferentes "disfarces". Sem nos darmos conta, tornamo-nos orgulhosos tentando nos proteger de não nos sentir diminuídos, desprezados ou sem valor. Passamos, assim, a supervalorizar nossa dor, nossos pontos de vista e a nossa auto-imagem. Dificilmente conseguimos lidar com o que vem dos outros. Tudo o que nos dizem parece menos importante ou pouco razoável! Assumimos o ataque como nossa melhor defesa. Ou, em outras ocasiões, agimos com perfeccionismo e não percebemos nisso nossa vaidade, nosso orgulho. Queremos sempre garantir que tudo sairá como determinamos, ou seja, sem falhas. Tarefa impossível, diga-se de passagem. Falhar é inerente a todo ser humano; entretanto, quando nos permitimos sufocar pelo orgulho, não conseguimos entender isso na prática. Mas, "se afinal de contas estamos fazendo o nosso melhor, qual é o problema?" Devemos nos perguntar, nesse momento, com que finalidade estamos agindo? Seria com o desprendimento de quem faz e esquece, sem ficar anunciando nem cobrando nada em troca, nem intimamente?

Bom seria não estarmos esperando, nem estarmos presos a nada.

EM BUSCA DE APLAUSOS

No orgulho vivemos centrados em nós mesmos, fazendo uma auto e contínua propaganda; demonstrando sutil ou declaradamente o quanto somos bons, bonitos, esforçados ou sei lá o quê. Parece haver sempre, mesmo que inconscientemente, uma expectativa de aplauso, de reconhecimento permanente que, certamente, alimenta o ego. Infelizmente é raro fazermos alguma coisa de graça; totalmente de graça. E, assim, mergulhamos em um círculo vicioso. Fazemos, aguardando sempre um retorno que nunca vem; por conseguinte, nos sentimos incompreendidos, não recompensados, não valorizados e, geralmente, nos deprimimos ou revoltamos. Não conseguimos perceber o beco sem saída em que nos metemos.

Quando dermos a alguém o que sabemos ser importante para ela, em vez de esperar "um pagamento" por nossos atos, um afago que seja, sem pensar no retorno dessa ação, nós é que estaremos sendo os maiores beneficiários.

Muitos pensam: "eu fiz tanta coisa e não recebi nada em troca", mas, na verdade, não se dão conta de que, às vezes, recebemos de outras formas, por meio de outras pessoas, por outras vias. A mais importante talvez seja a de estar no amor.

Quando fechamos o nosso coração e vivemos racionalizando, defendidos para não sofrer, somos nós que perdemos a alegria; saímos da sintonia do amor e, assim, acabamos por experimentar toda sorte de pecados.

Quando saímos do amor, passamos a viver mal; vemos o mal em tudo e levamos tudo a mal. A função maior do amor é nos capacitar à evolução, ao crescimento e ao perdão. Na verdade, o benefício maior do amor é para quem ama. O amor recria a vida. Só no amor conseguiremos ver além das aparências; sermos mais capazes de superar nossas deficiências e ilusões e chegar, assim, mais perto da verdade.

"O ESPINHO NA CARNE"

Adoramos exibir nossas melhores coisas. Nosso par romântico, belo, inteligente e rico; nosso carro zero, importado, tinindo; nosso currículo maravilhoso etc. Mas, e quando algo sai dos trilhos? Por exemplo, quando nos apaixonamos pela pessoa "errada" ou quando "pisamos na bola" por causa do nosso temperamento forte ou saímos nas páginas policiais? E quando, de alguma forma, falhamos de acordo com o que esperavam de nós?

Parece que todos temos um espinho na carne; algo que não nos deixa esquecer de que somos todos iguais, cada um com sua imperfeição! Não podemos nos iludir imaginando-nos melhores do que os outros. Isso, ao contrário do que tendemos a pensar, pode ser a "baixada de bola" necessária para não sairmos por aí decolando e "detonando". Não somos o máximo que pensávamos ser, os melhores, os maiores. Somos nós, gente; que precisa crescer, buscar, aprender e discernir a dimensão certa de cada coisa, com a humildade de quem não sabe tudo e que, provavelmente, nada sabe.

Quem de nós pode atirar a primeira pedra?!

Dando murro em ponta de faca

Na vida sempre procuramos nossos direitos e, mesmo não os tendo, procuramos por brechas. Parece que nunca nos conformamos com as coisas como elas são: buscamos retocá-las; puxar a brasa para nossa sardinha. Culpamos os outros, esperneamos, pagamos nossas dívidas em juízo. Procuramos dar um jeito sempre que podemos. Mas existem situações que nos colocam frente a frente com nossa impotência: a doença, por exemplo. É claro que reclamamos do atendimento dos médicos, questionamos o remédio escolhido, mas, no fundo, tudo isso é a nossa dificuldade em aceitar a realidade; viver a situação tal como ela se apresenta.

O orgulho sempre nos faz questionar: "mas por que tenho de passar por esta situação?" "Mas, por que comigo?" "O que fiz para passar por isso?" Eu, eu, eu. A supervalorização de si mesmo constitui o orgulho.

"O que me faz diferente do outro?" Por que achamos que merecemos um destino melhor? Até a morte queremos controlar. Somos muito importantes para as coisas acontecerem a nossa revelia. Que parâmetros são os nossos que nos permitem julgar tão facilmente? Todos somos iguais. Vivemos vidas diferentes, mas equivalentes. Cada um está observando, conhecendo, aprendendo coisas que têm a ver com o seu caminho, com as suas necessidades de crescimento. Mas, não há como nos comparar nem mesmo com o que já fomos um dia. Temos de parar com os julgamentos e as tais comparações. Se ficarmos tão centrados em nós mesmos, olhando nosso próprio umbigo, secaremos, acabaremos cegos, presos, saturados, dando murros em ponta de faca!

É PRECISO ACORDAR

Geralmente nos sentimos o centro do mundo. Achamos que temos a razão e que até somos bastante humildes, agora, "só não pisa no meu calo!" Estar bem quando tudo vai bem não é difícil. Gostar de quem gosta de nós também não. Difícil mesmo é sair do pedestal e nos sentir meros mortais, sem todos os direitos que afirmamos ter. Tudo nos sobe à cabeça! Não nos vemos como pessoas, mas como crachás ambulantes, anunciando nossa condição social, econômica etc. Não conseguimos ver além das aparências. Todos tendemos a valorizar as pessoas pelo que elas têm, não por sua essência. Nosso olhar é seletivo; é possível que tenham feito o mesmo conosco, mas por isso vamos continuar alimentando essa roda que gira sem parar, sem alternativas, sem lucidez? Pagar na mesma moeda?

Tudo nos ilude, engana e iludimos os outros também; jogamos para a platéia. Tocamos apenas as nossas melhores faixas. Não nos mostramos nem aos outros nem a nós mesmos. Queremos êxito, honra, glórias... Perdemos as oportunidades de baixar a crista; olhar para nós mesmos, para aquilo que precisa ser trabalhado, tratado: nossa natureza instintiva, animal, que nos faz perder o rumo, perder a alma, ainda que para ganhar o mundo inteiro!

Ficamos frustrados, insatisfeitos, deprimidos ou sei lá o que. Não temos o controle da situação e, se o tivéssemos, talvez o usássemos para controlar os outros, não para viver mais livremente e de forma mais pacífica e espontânea. O difícil do orgulho é termos a condição de perceber que estamos sendo orgulhosos. Não vemos nada de construtivo ou nenhum ensinamento nas coisas consideradas por nós não tão boas. "Ah, eu quero é aproveitar a vida." "Eu, ter trabalho com o que não vale a pena?" Somos muito importantes para sermos moldados, para nos submeter a qualquer experiência que seja.

Como é difícil o orgulho! Na verdade, nem o achamos prejudicial, a não ser por gerar inveja no outro. Quanto orgulho!!! Já partimos do pressuposto de que somos mais, somos importantes ou temos algo de muito valioso que o outro deseja tomar de nós. Uau!

Somos na verdade pedintes em roupas de reis. Procuramos fora o que não sentimos dentro de nós. Sacrificamo-nos para chegar a ser algo que ninguém nunca reconhecerá na medida do nosso anseio. Pobre existência a nossa, se não despertamos do sono profundo em que nos permitimos ficar.

Avareza

"*Apego sórdido ao dinheiro.*"
(*Dicionário Aurélio da Língua Portuguesa*)

Sr. Manoel

Sr. Manoel sempre foi um homem poderoso. Acumulou muito dinheiro e bens materiais durante toda a vida. Era considerado por muitos um homem sábio e digno de respeito, por conta de seu cargo, sua casa e seu carro. Sempre foi ambicioso, não poupando esforços para conseguir tudo o que desejava. Mas, na verdade, bem no fundo, ele sabia que ainda não havia chegado lá. Era só uma sensação, mas ainda assim ele seguia adiante, incapaz de desfrutar ou deixar que desfrutassem de qualquer de suas vitórias. Não se satisfazia com pouco, ou melhor, com nada. Buscava sempre mais; queria o melhor, o mais caro, o mais bonito. Era um homem trabalhador, sem dúvida. Vivia impulsionado pela cobiça. Queria *status*, reconhecimento, virtudes, atenção e dinheiro. Muito dinheiro. Vivia com os olhos bem abertos, a fim de não perder oportunidades, mesmo que essas não fossem as mais corretas. Era movido por um desejo desenfreado de guardar para si todas as suas conquistas.

Certamente, mesmo que de modo inconsciente, ressentia-se da falta de alguma coisa em sua vida. Esses desejos desenfreados de posse passaram a nortear seu comportamento, resultando em um agir compulsivo que não deixava espaço para desfrutar suas vitórias.

Sr. Manoel morava em uma casa confortável, com sua esposa e a filha, que, entretanto, viviam a contar "tostões" para seus gastos pessoais. Se fossem esperar algum arroubo de generosidade do Sr. Manuel, talvez morressem à míngua, mas não ousavam reclamar. Seria um trabalho em vão.

Na verdade, Sr. Manoel era um daqueles casos em que a pessoa é tão "vítima" quanto "culpada". Não percebia que sua busca era vã.

Padecia de um grande mal: buscava apoderar-se daquilo que, a seu ver, poderia substituir o afeto de que tanto precisava e nem sabia. Isso não estava claro para ele. Era algo dentro de si movendo suas atitudes e pensamentos: seu inconsciente. Na verdade, essa falta de afeto não estava clara para ninguém, nem para Sr. Manoel nem para os que o cercavam. Todos viam naquele homem apenas o que lhes era possível ver: sua avareza. Ninguém conseguia enxergá-lo por um outro ângulo, por inteiro. Não conseguiam alcançar suas necessidades, seus medos e anseios. Não eram capazes de entendê-lo como uma pessoa. Deixavam-se envolver pelas aparências e, por conseguinte, não sentiam por ele empatia alguma. Jamais se deram ao trabalho de um aprofundamento em suas análises. Sr. Manoel, o pai, o marido e o freguês, era avarento e pronto! Esse era o limite máximo de suas conclusões. Conseqüentemente todos sofriam. Perdiam a oportunidade de conhecer o verdadeiro homem, com suas limitações e problemas, por assumirem uma verdade aparente, baseada no que lhes chegava à primeira vista. Reagiam a ele e vice-versa.

Felipe, aparentemente inconformado com as tantas arbitrariedades familiares, "filho de peixe", saiu de casa bem cedo, a fim de dar um novo rumo à sua vida. Começou a trabalhar logo e, com esforço e dedicação, foi capaz de galgar muitos degraus. Conseguiu, finalmente, estabelecer-se financeiramente. Acreditava lutar com bravura para não repetir o que vira em casa. Ledo engano. O que aprendera, o que tivera como herança, estava por demais arraigado à sua personalidade. Em parte, realmente revoltava-se com o pai. Vivia em busca de carinho. Entretanto, como Sr. Manoel nunca recebeu, era incapaz de dar. Era incapaz de se dar.

Felipe ressentia-se, frustrava-se. Aprisionado nesse sentir, não conseguia seguir seu próprio caminho. Agia como se buscasse uma nova possibilidade de relacionamento como o pai por outras vias. Por outro lado, como havia assimilado o modo de viver de Sr. Manoel – até mesmo como forma de entendê-lo – transformou-se em uma cópia atualizada do pai: era um igual. Essa era a maneira de sentir-se mais próximo, de estar com ele. Autorizava-se apenas um viver a exemplo do que lhe fora ensinado. Era incapaz de tentar seus próprios vôos, pois esses lhe pareciam um rompimento com o pai e com tudo o que aprendeu até então. O que Felipe não percebia era que tinha em suas mãos a escolha de uma vida melhor.

A avareza não é apenas economia de dinheiro, mas de um envolvimento maior com tudo aquilo que não é controlável, com a vida como ela é. Passamos a ficar comedidos, nutrindo, por vezes, internamente, mágoas e ressentimentos como se houvesse uma dívida antiga a ser quitada. Passamos a agir de forma rígida, tanto para conosco como com o outro; ficamos com o pé atrás, exigentes em demasia em relação à nossa própria vida. Seria preciso que Felipe buscasse um distanciamento do problema; que olhasse para seu pai e procurasse entendê-lo, indo além das críticas ou de suas reações a ele, já que os dois agiam de forma bem parecida. Seria necessário conquistar certa libertação, com a clareza que ali poderia se iniciar. Olhar para seu pai poderia representar olhar para si mesmo, no espelho, percebendo de onde vinha sua história. Seria importante entendê-la, em vez de apenas inquietar-se tentando sair do labirinto às cegas. O que falta a Felipe é olhar o pai sem críticas, buscando ver até onde vão as influências de Sr. Manoel em seu comportamento, em seu agir.

A PROPÓSITO DE SR. MANOEL

Quando pensamos em avareza, imaginamos um total enquadramento como o da nossa personagem. Não percebemos que incorremos nesse pecado durante a vida, cada vez que priorizamos o dinheiro, o possuir, ou adotamos uma conduta avarenta, obsessiva e rígida, a despeito de tudo e de todos. Entretanto, não é tarefa fácil essa de permanecer conscientes o tempo todo. Nascemos e vivemos em um mundo material, que possui suas próprias regras, com as quais nos envolvemos de tal forma que perdemos a capacidade de enxergar com clareza. O fato é que não podemos nos restringir a ele, prescindir da prática daquilo de que nosso ser mais precisa para estar pleno e equilibrado: o amor.

Mas, precisamos lembrar que cada qual moldou sua personalidade através das experiências que viveu. Por conseguinte, terá suas próprias dificuldades em transcender às várias coisas que aprendeu a valorizar (seus apegos) para viver uma vida por inteiro, leve, sem tantos temores, tensões e preocupações. Já foi dito que é preciso nos desapegar, nos despojar. É necessário despir nossa memória e desencadear nossas esperanças. Há que desamarrar nossos corações.

Buscando entendimento

Reconhecer de onde vêm todas as coisas, abrir nossos sótãos abarrotados de vários acúmulos, represados vida afora, entender nossas necessidades e desejos, é muito importante. Mais essencial ainda é a necessidade de nos aliviar de nossos pesos. Detectar o que em nós é sobrecarga e abandoná-la. Desenvolver um olhar atento para corrigir o percurso. Entender o que nos fez seguir numa direção mais penosa, que, iludidos (pouco atentos), pensamos ter sido a única. Passamos, então, a apenas lamentar as conseqüências, sem perceber que fomos nós que escolhemos, mesmo que por motivos inconscientes, aparentemente involuntários, o rumo que demos as nossas vidas.

A avareza torna o nosso viver tedioso, sem graça, meticuloso e cheio de restrições e condicionantes. Pesado, lento, trancado, temeroso, desconfiado. Tememos perder coisas e pessoas e então gastamos nossas vidas acumulando: lembranças, sentimentos, gente, passado! Tudo vem a ser estabelecido por regras. Naturalidade é algo que muito ameaça e descompensa. Desorganiza! Passamos a ter um viver cheio de medos de perdas e conseqüentes necessidades de controles. Sem fé, sem renovação ou limpeza de armários.

Dizem que quem é avarento não abre a mão para nada. Mas é muito mais do que isso. A avareza nos faz temerosos em nos abrir. Temomos baixar a guarda e nos tornar vulneráveis. Quando avarentos, impomo-nos sacrifícios e esperamos o mesmo dos outros.

Essas demandas parecem ser reflexo de momentos iniciais de nossas vidas em que passamos, mesmo que apenas subjetivamente, por sensações de privação ou perdas emocionais importantes. A partir daí é que, provavelmente, começamos a eleger coisas palpáveis, que possamos controlar, quantificar, para nelas colocar nossa segurança e a elas nos dedicar, exercer nossos controles. Idolatrar! Não entendemos que a situação é bem mais abrangente. É toda uma conduta, uma forma de ser avarenta que privilegia a segurança, o ter e o poder acima de tudo.

Medo é o que está por trás. Não conseguimos estar mais esperançosos e generosos, pois no fundo tememos voltar a ser o que antes já nos sentíamos: dependentes, inseguros, carentes, infelizes. Buscar, portanto, o entendimento do que possa nos estar acontecendo pode ser um passo fundamental.

Abarrotando a dispensa

Montamos nossas vidas para não depender do que virá. Tentamos nos resguardar, prevenir, poupar hoje para não faltar amanhã. Tememos o sofrer. Enchemos "nossas dispensas" com coisas que, na verdade, talvez jamais nos faltem; coisas que talvez nunca iremos usar; de que às vezes nem gostamos. O importante é guardar, possuir, armazenar, ter à mão. Segurança, para não passar necessidades!

A avareza também esbarra no orgulho quando nos sentimos pessoas brilhantes em nossa capacidade de economizar, racionalizar e ser aparentemente perfeitos. Perfeitos demais para ser verdade! É claro que isso tudo exige uma vida de sacrifícios, mas para quem já está acostumado... É o seu modo habitual de viver. O problema é que sempre esperam a volta – um prêmio, mesmo que venha da vida, como no caso da formiga e da cigarra: quem guardou na dispensa teve, quem esbanjou ficou na pior mais tarde.

Parece haver sempre um cálculo por trás das coisas. Uma justiça que vai punir quem não agiu dentro da regra.

É um viver muito contido, escorado nessas diretrizes. Já que a vida não lhe pareceu tão pródiga, passou a se defender, guardar para si mesmo, inclusive para que não lhe faltasse; para que não ficasse à mercê de alguém ou de algo que temia não vir.

Há, certamente, uma grande dor escondida nessas histórias que faz com que as pessoas só acreditem no que vêem, no que podem contar, no que é lógico e com o que podem lidar e guardar. Controlar, a seu modo. Há algo guardado, retido... Uma ferida aberta que não cicatriza, uma bronca que vai dando o tom ao modo de viver.

Avareza e amor

O amor é algo muito complicado para pessoas como o Sr. Manoel e para nós, em nossos momentos de avareza. A característica principal do amor é o se dar. É muito abstrato, não vem com bula, manuais ou regras de procedimento. Quem não experimentou o amor, para quem o amor não veio, passa, inconscientemente, a tentar consegui-lo. Torna-se possivelmente o "bonzinho", o solícito em tempo integral. Age assim na esperança de ser reconhecido, ou de, no mínimo, não precisar passar pela avaliação severa dos outros com a chance quase previsível de ser rejeitado. Restringe-se a um viver solitário e amargo. Torna-se muito crítico, duro consigo mesmo e com as pessoas, na intenção de que cheguem ao melhor de si, esquecendo-se, entretanto, da importância e da necessidade de descontração, graciosidade, beleza e fé.

Coloca toda sua crença em si mesmo e nas coisas que ele gera. Ele é seu próprio deus, como no caso do orgulho, só que na avareza seu deus são suas seguranças materiais! Não se abre, não confia, não divide, guarda seus sentimentos como guarda seus bens materiais. Até pode concedê-los mais adiante, a quem merecer, segundo seu julgamento. Para ele, todos têm de fazer sua parte, já que nada cai do céu. Essa é a certeza mais dura que ele carrega: "Não caiu do céu para mim. Não tive o que precisei, mas não fiquei chorando, fui buscar e consegui. Eu venci, você pode vencer também". Esse comportamento pode até parecer, em uma primeira leitura, contar pontos para ele. Mas, na verdade, os sentimentos envolvidos nesse agir são o ressentimento e a insegurança; o medo de se sentir novamente tão mal por não se sentir alguém digno de ser amado, por ser tão-somente o que ele é.

Se essa situação não for mais bem entendida e restaurada, a pessoa não conseguirá parar de se defender e sair de si mesma para estar com os outros; entrosar-se, sentir-se parte de um todo; ser o que ele nasceu para ser: ele mesmo.

Parece ser o maioral, mas não relaxa, não brinca, pois não sabe fazer isso! Enrijeceu-se de tanto lutar por poder, segurança, autonomia; por sua busca em ser amado e importante, mesmo sem consciência disso.

Quebrando recordes

Sair do círculo vicioso, regido por tanta "lógica e justiça", é como dar um salto no escuro: desejar ser alguém além do que se conseguiu chegar a ser, por entender que, permanecendo assim, atingiu apenas um viver "escravizante" e escravizador. Não há amor nem a receber nem a dar. Só regras que em si mesmas não têm finalidade maior. É preciso amar, ainda que isso seja a coisa mais indefinível e difícil de atingir. Se não conseguirmos amar, atrofiamos e sucumbimos aos nossos medos. Sufocamos dentro de nós mesmos, sem conseguir nos abrir para o outro e deixá-lo chegar até nós. Assim o encontro não acontece!

A vida não é uma olimpíada; não se resume a uma busca incessante por quebra de recordes. A vida não se resume tampouco a uma luta pela vida, nem a compromissos rotineiros e estressantes a serem cumpridos. Temos de adquirir lentes novas, enxergar a vida com mais quantidade, volume, sem parcimônia; temos de nos permitir esbanjar vida, receber sem temer, sentir o amor em todas as coisas. Como? Pois é, logo pensamos: "como dar se nunca recebemos?" Mas, quando conseguimos perceber o quanto essa limitação é ruim, podemos partir para uma busca diferente, quem sabe começando por dar aos outros o que gostaríamos de receber e a nós, uma qualidade de vida melhor! Talvez devêssemos começar por parar e tentar obtermos aquilo que não tivemos ou pensamos não ter tido dos outros: aceitação. Passamos a vida buscando medalhas; desejamos ser os melhores para nos sobressair e, quem sabe assim, ser amados por nossos feitos, por nossos méritos.

Mas somente quando entendermos que é fundamental resgatar aquela nossa parte mais natural que ficou perdida pelo caminho, é que adquiriremos a tranqüilidade e o relaxamento de quem sente que não precisa fazer para, então, merecer. Tudo bem, pode até ser que nos tenham rejeitado ou amado pouco, mas nós também passamos a agir conosco e com os outros conforme agiram com a gente. Por vezes, tornamo-nos nossos próprios treinadores com chicotes e cronômetros na mão, buscando melhores resultados, almejando o primeiro lugar no pódio. E o duro mesmo é quando vem alguém sem tanto empenho e leva a tal medalha. Ódio, inveja e diminuição de nossa própria imagem é o que nos chega primeiro. De que pode interessar uma medalha de prata quando existe a de ouro? De que vale um segundo lugar, se alguém foi capaz de alcançar o primeiro? Devemos pensar em aceitação. Precisamos desautomatizar nosso viver. Muitas vezes, desenvolvemos nossas vidas com a obsessão de quem deseja sempre vencer, quebrar recordes. Tornamo-nos escravos dos outros e de nós mesmos, e acabamos por cultivar muita raiva.

Ninguém é capaz de corresponder a tantas expectativas! Temos de nos libertar do olhar dos outros e de nossas próprias imposições, nossos cronômetros. Precisamos descobrir um outro caminho, o nosso próprio. Fazer apenas o que podemos e quando pudermos. Fazer quando realmente acreditamos e, depois, virar a página. Não anotar na caderneta. Liberar e permitir-se liberar. Sendo o que de fato somos, conseguiremos melhorar nosso tempo, nossa performance. Mas que isso não implique o fato de querermos agradar. Deve ser feito por opção – dar por prazer, receber sem cobranças, para, no futuro, ser!

Em busca de renovação

Não precisamos ter para ser ou fazer para ser. Devemos desprezar sentidos e ansiedades. Experimentar na prática, em vez de viver tudo apenas internamente com todas as precauções possíveis. É necessário pensar na importância da capacidade de discordar na hora em que as coisas acontecem. Não acumular ressentimentos. Como já dissemos, na avareza não acumulamos apenas dinheiro, mas coisas, pessoas e sentimentos. Não esperar do outro o amor, pois este nunca virá na medida da nossa expectativa e isso pode impulsionar-nos para uma coisa muito difícil, a desilusão. Mas há um lado bom nessa etapa, digamos, um mal necessário que pode facilitar uma libertação. É preciso entender e nos permitir ver que somos legais e que não temos de duvidar disso. Não precisamos mudar, ser diferentes do que somos para sermos amados. Isso remontaria nossa rejeição: carregar a sensação de que há algo de errado conosco e que, portanto, teremos de nos esforçar para conseguir as coisas, caso contrário, seremos punidos, cortados.

Sempre nos idealizamos e às pessoas também. Vinculamo-nos a elas a ponto de se tornarem algo que vamos acumular, reter, possuir. Retemos sentimentos, pessoas e ideais. Apego, acúmulo, retenção não significam nada mais nada menos do que a avareza. Nós nos prendemos às pessoas e pensamos que também elas farão o mesmo em relação a nós. Estagnamos, pesamos uns sobre os outros, até que alguém um dia resolva se liberar.

Não sabemos o dia de amanhã e não confiamos no caminho, na vida, na fluidez, na renovação necessária. Quando perdemos alguém ou alguma coisa, temos a sensação errônea de que nunca mais teremos algo igual. Não esperamos para ver; antecipamo-nos ao resultado e vivemos ansiosos, temendo o que virá de catastrófico. Não nos acalmamos a ponto de entender que o que nos acontece é o que mais precisamos naquele momento.

Quando estamos trocando de roupa, há aquele segundo em que já tiramos a antiga, mas não colocamos a nova. Sentimos frio, mas teremos de superar esse momento para usufruir da roupa nova que nos irá aquecer.

Não deixamos as coisas correrem naturalmente, temos e até confundimos isso tudo com responsabilidade do dever a cumprir. Transformamos em rotina até o lazer. Levamos nossa vida como equilibristas, empilhando nossos apegos sobre nossos braços e cabeça, contando com nossa atenção e destreza para não deixar nada cair. Às vezes, diminuímos o passo, outras vezes evitamos espirrar ou, ainda pior, evitamos fazer movimentos para não arriscar perder coisa alguma. Mas, sempre chega o momento em que tudo despenca e nos sentimos dilacerados, perdedores, falidos. Não entendemos que é a hora do recomeço, de um novo nascimento. Estávamos mal e nem sabíamos. O fim foi na verdade o recomeço, foi vital!

Tratando de suas feridas

Quando vivemos a avareza, nossa auto-estima encontra-se totalmente abalada, em carne viva. Mas o avarento segue em frente, em uma busca desenfreada e muito pessoal de se recompor. Entretanto, nesse caminho, enquanto a ferida fundamental não for tratada, ele seguirá apenas reagindo a ela. Segue em um passo muito agressivo e obstinado sem entender os meandros da vida. Passa a não dar importância a minúcias, pois não consegue enxergar seu valor. Vê a todos como concorrentes, e não como amigos ou companheiros. "Tenho de defender o que é meu! Se eu não fizer, quem vai fazer?" Atropela a si mesmo, inclusive. Nunca se dá por satisfeito, nunca relaxa. Fecha-se. Tem sempre algo importante a fazer. Não fazer é algo que não é lógico para ele, é sinal de fraqueza ou falta de objetivo. O avarento monta a sua vida no fazer: ele se fez fazendo! Ele hoje é porque construiu, e talvez assim, com suas obras, venham a ter motivos para gostar dele.

Sabemos que a vida não funciona assim. Tão magoado, fechado em si mesmo, achará que os outros são interesseiros, querendo apenas estar por perto por almejarem alguma coisa que ele possa prover. E, por esse caminho, não encontrará a saída, a paz, o amor que tanto necessita para se transformar. Precisa tratar de sua ferida. Ser capaz de entender seu próprio problema, assumi-lo e querer fazer alguma coisa a respeito. Na verdade, precisa parar de, compulsivamente, fazer e fazer. Precisa agora sentir, deixar-se sentir e entender as coisas a partir de um novo olhar, para si mesmo e para o mundo.

Buscando novos caminhos

A partir da compreensão de que existe um problema e de que há um desejo de mudança, um desejo de fazer alguma coisa a respeito, chega-se ao encontro de um fazer novo. Essa seria uma forma de agir diferente, sinônimo de entrega, coisa tão difícil para quem passou a não confiar desde tão cedo, para quem se sentiu ferido, "escaldado" de alguma forma e arquivou tudo isso dentro de si.

Buscamos estar certos. É como se tivéssemos de correr atrás de um prejuízo. "Não há tempo a perder, a desperdiçar". Tudo ou nada; vida ou morte. O avarento não conhece o meio termo. Isso lhe traz inseguranças, ansiedades, angústias: "são coisas muito indefinidas", abstratas. Ele precisa de certezas, seguranças! Precisa saber onde está pisando. Teme perder o controle, tirar o pé do chão, não enxergar.

Há muitos pensamentos populares que acabam por difundir a avareza entre nós, como: "é cada um por si e Deus por todos". Tememos o dia de amanhã. Não que não precisemos fazer por onde, mas quando restringimos nosso viver a essa dura sensação, experimentamos um viver igualmente duro: a avareza, o dinheiro acima de tudo (não só o dinheiro, mas a maneira avarenta de organizar as coisas e as pessoas, para que tudo saia da melhor forma para se sentir seguro), e, com isso, nos isolamos em nossas estratégias solitárias, sem partilhar da amizade, da solidariedade, da comunhão. Transformamos nossa existência em uma eterna batalha.

No momento em que nos sentirmos diferentes, todo o contexto muda, porque nós estaremos sendo capazes de interagir de forma mais pacífica conosco mesmos e com tudo a nossa volta; estaremos, finalmente, buscando novos caminhos.

UM NOVO OLHAR

Às vezes, nossos pais ou pessoas igualmente importantes em nossas vidas nos passam, inconsciente e involuntariamente, seus próprios "grilos" a respeito de nós ou deles mesmos. Por exemplo, se não tiveram uma boa imagem sobre si, se sempre viveram como se houvesse algo de errado com eles ou, ainda, se não se sentiram pessoas amadas, é bem provável que o filho capte isso como se o problema fosse com ele, filho. Como na verdade aquele pai ou aquela mãe não superaram o seu problema, o filho o herda com toda a dificuldade emocional que o envolve. Não consegue vislumbrar a saída. Aí é que fica muito claro o quanto é importante percebermos a necessidade de buscar um olhar mais distanciado para entendermos que as coisas não são intencionais, pessoais. Nós, assim como os outros, temos nossos próprios problemas e dificuldades e, sem perceber, os passamos adiante. É preciso enxergar tudo de forma diferente, para que não se propague essa situação. Não podemos ficar presos a conceitos e verdades alheias – ninguém sabe tudo, ninguém vê plenamente e isso se aplica a nós também.

Não é uma questão de "ele me enganou, ou não me ama ou não mereço ser amado por ser mau". Não! Não temos as conclusões finais ainda. Não chegamos a elas. Uma coisa, entretanto, é fato: a rigidez há que ser questionada.

O amor é flexível, natural, empático. Não dita regras. Ele liberta, sempre. É preciso ter cuidado, pois o comportamento avarento é oposto ao amor. Cristaliza, quer definições em conceitos e atitudes – é rígido. Há que incluirmos o perdão entre nós, trocar rigidez por aceitação, perdoar a todos pela incapacidade humana de lidar com a verdade. Necessitamos buscá-la, com amor, pelo amor e para mais amar, sempre. É preciso aceitar as diferenças, respeitar, olhar o que está incomodando em vez de tentarmos corrigir o mundo.

Seguindo em frente e fazendo a paz

Se buscarmos detectar a avareza em nós, perceberemos suas sutilezas e, se para além dela não quisermos caminhar, acabaremos presos, atolados, cheios de pesos e necessidades. Reconhecer, entretanto, essas coisas no dia-a-dia não é tão fácil. Não percebemos o quanto cada coisa nos pesa, nos faz apegados, impedindo-nos de seguir adiante em nosso crescimento pessoal; impedindo-nos de fazer as pazes, reconciliar-nos com o todo, relaxar, aliviar.

Os exercícios físicos, as técnicas de relaxamento, as massagens e os tranqüilizantes aliviam, relaxam, mas o efeito passa. O que, de fato, nos transforma e nos faz calmos é estarmos em paz com nossos fantasmas, com o mundo. É não ficarmos afoitos ou aflitos com nossas questões, mas entender que somos capazes de fazer uma pequena parte apenas. De resto, o que nos cabe é lidar, compreender e aceitar a vida e as pessoas como realmente são. Esse agir evita ficarmos eterna e inconscientemente gerando e perpetuando inquietações e angústias. A paz é um caminho a ser trilhado por nós e não esperado, como sempre fazemos em nossas fantasias.

Inveja

"Desgosto ou pesar pelo bem ou felicidade do outro.
Desejo violento de possuir o bem alheio."
(Dicionário Aurélio da Língua Portuguesa)

O BILHETE DE LOTERIA

Joana e Tereza cresceram juntas. Eram grandes amigas. Joana, a menos empenhada e batalhadora na vida, era do tipo que ficava esperando que a sorte lhe caísse do céu... E caiu! Foi um belo dia surpreendida com um bilhete premiado de loteria. Ganhou uma fortuna!

Tereza, embora gostasse de Joana como se fosse uma irmã, sentiu-se injustiçada pela vida. Afinal, sempre fora dedicada e incansável em tudo o que fazia e agora justo sua amiga, tão "preguiçosa", havia sido premiada. Não teve como evitar a inveja. Joana, então, teria acesso a tantas coisas... Não se dava conta de que, talvez, o que mais a incomodasse fosse o fato de que a amiga tivesse sido a eleita, a premiada. Joana tornara-se mais do que Tereza e isso a deixava no chão.

Passou a odiar a amiga com a mesma intensidade de que gostava, já que esta veio a ser o centro de todas as atenções. Ficou obcecada pelo assunto. Imaginava poder, a qualquer instante, acordar daquele pesadelo. Queria voltar a desfrutar da amizade de Joana sem barreiras. Desejava, em outros momentos, ouvir de Joana que esta teria gasto todo o dinheiro impensadamente e voltara à estaca zero. O fato é que Teresa não agüentava não ter tanto quanto a amiga. Tanto o quê? Dinheiro? Prestígio? Amor? Que tom teria sido esse que a remeteu as suas antigas feridas? E que feridas teriam sido estas? De comparações vivenciadas? De se sentir inferiorizada, preterida? De desenvolver ciúmes?

A VIDEIRA

Nossa sede de destaque e brilho nos faz querer voltar à condição de centro do mundo. Muitas vezes, movimentamos as coisas em nossas vidas de tal forma que acabamos competindo sem perceber, vamos destruindo os outros, por assim, de fato, acreditarmos poder aparecer. É claro que negaremos isso. É natural pretender nos defender por não assumir nossa capacidade e necessidade de destruição. "Mas todos somos parte de um mesmo corpo." "Eu sou a videira. Dessa videira que eu sou, vós sois os ramos." Ramos e videira são uma coisa só. Enquanto não entendermos isso, não ficaremos bem. "Acabaremos nos destruindo por não nos desligar do outro pelo mal que ele nos faz sentir pelo seu êxito." Dentro de nós, entretanto, há como que uma programação tão original quanto a da inveja. Algo que nos lembra que só chegaremos lá juntos!

Somos iguais! Isto nos atormenta ou simplesmente nos relembra "nossa sede de sucesso, fama, poder, que nos torna doentes da alma". Solitários. Transeuntes. "Só ficaremos bem se todos conseguirmos."

Raízes, troncos, galhos, folhas dependem todos uns dos outros para que venham a florir e produzir bons frutos. De que adiantaria a videira cuja seiva ficasse apenas nas raízes? "Sim, a vida pode ter me brindado com uma fortuna, mas eu posso fazer o que quiser com ela." "Eu posso ter uma audição privilegiada, enquanto há tantos surdos, mas posso ajudá-los a ouvir." Entretanto, "se não tiver sido por amor, de nada terá adiantado!" Por outro lado, "aquele que recebeu um talento e o guardou com medo de perdê-lo, sem desenvolvê-lo, nem multiplicá-lo, acabou ficando sem nenhum. Enquanto o que recebeu dois, aplicou-o e conseguiu mais dois. Recebeu ainda mais".

É fácil ficar na preguiça ou na autopiedade. É fácil invejar ou, simplesmente, admirar os outros. Temos é de nos desenvolver, crescer, amar. Mas amar para sempre crescer! "O amor leva nossos corações para mais longe..." Muda nossas metas e ambições.

Fomentamos a inveja quando nos movemos para longe desse caminho. Quando vivemos tão-somente nossos instintos e nossas paixões egoístas, corremos o risco de nos tornar videiras incapazes de produzir flores ou frutos. Estaremos podando em nós mesmos a capacidade de cultivar um viver mais viçoso, mais amplo e abundante.

Escrevendo nosso próprio *script*

Nossos caminhos são diferentes. Nossa existência é singular. Embora a grama do vizinho pareça sempre mais verde, ela não se encaixa em nosso quintal. Não existem coisas pré-fabricadas nessa esfera. Temos de trilhar nosso caminho, chegar às coisas que fazem parte da nossa vida.

Quando, equivocadamente, achamos que aquele carro, casa ou cônjuge alheios seriam a solução de nossos problemas, estamos pegando um invejado, embora ilusório, atalho. Nosso olho "cresce" quando o outro consegue algo a mais ou melhor do que nós.

Que bom seria se entendêssemos que cada um de nós tem seus próprios talentos e posses! Os problemas, as pessoas e os nossos pertences são personalizados. Cada coisa tem a ver com cada pessoa. São intransferíveis. Ninguém pode viver a vida de ninguém nem pegar as coisas do outro e adaptá-las perfeitamente a sua vida.

Ter ou não as coisas nos faz vivenciar a vida de diferentes formas, com um olhar todo próprio. Vamos tendo nossas impressões pessoais e escrevendo o nosso *script* à medida que nosso cenário vai sendo delineado, ora com as coisas que escolhemos, ora com o que a sorte nos vai premiando.

O preto e o branco

Isto é isto e aquilo é aquilo. Sabemos que as coisas não funcionam dessa maneira. Tudo é muito maior, mais complexo e muito mais importante do que uma mera conceituação. Não basta apenas detectar ou julgar o que a vida nos apresenta, mas, sim, procurar entender melhor nossas reações, nossos pecados, para não nos atermos a eles. Se não desejamos ficar presos, atados, temos de buscar a porta de saída e, independente do outro, esta porta só pode ser aberta por nós e de dentro para fora.

Muitas vezes sentimo-nos alvos da inveja alheia e tememos por isso. "Só vou contar quando estiver tudo acertado para não correr o risco de entrar areia." "Apesar de eu poder comprar um carro zero, acho melhor comprar um mais velhinho para não incitar a inveja dos outros." Que pensamentos são esses? O que é isso tudo? Cautela? Talvez. Em alguns casos sim, mas em outros parece mais ser uma sensação persecutória, um "castigo merecido", quem sabe inconsciente. Uma punição "esperada" por alguma coisa com a qual a pessoa não se sinta em paz. Se olharmos bem nossa história de vida, encontraremos inúmeros exemplos de pessoas invejosas, de situações nas quais fomos alvo da inveja alheia e, outras tantas, em que nós, também, já nos vimos, na melhor das hipóteses, lutando contra a inveja em nós. Tememos por isso. Sentir inveja é até natural. Sair da atitude mais fácil de negá-la ou de "atacar" o invejado é que são elas...

Quando alguém chega nos "afrontando" com suas conquistas, é difícil não o invejarmos "mortalmente". Mas não é assim algo tão fácil de detectar ou assumir. Experimentamos um sentimento sutil e às vezes exagerado de destruição: "eu não tenho, mas ele também não vai ter". É assim que, mesmo sem consciência disso, vamos destruindo pessoas. A fofoca, a calúnia e a indiferença são bons exemplos dos efeitos da nossa destruição.

A inveja nunca é positiva. Enganamo-nos quando imaginamos fazer uso desse sentimento para galgar degraus. Como já dissemos, sua característica principal não é fazer-nos vencedores, mas, sim, levar o outro à derrota. Sempre faz grandes estragos, às vezes imperceptíveis, tanto em quem se ocupa de invejar quanto em seu alvo. Quando invejamos, sintonizamos o nosso lado mais negativo, destrutivo. Experimentamos raiva, ódio, tristeza... trevas. Perdemo-nos, ficamos cegos, tomados, saímos dos trilhos. Sentimo-nos traídos pela lógica, pela justiça. Pensamos até em vingança e certamente em jogar tudo para o alto e detonar com aquelas pessoas que possam estar-nos fazendo sentir daquela forma. Desejamos destruir, consciente ou inconscientemente, a felicidade do outro. Mas, afinal de contas, deveríamos questionar: o que aquela pessoa fez? A questão deveria ser: "o que sinto com tudo isso? O que lembro em relação às situações que já vivenciei na vida? O que isso tudo tem de meu?"

O que nos custa muito a ver na vida é que as coisas não são pessoais, mas subjetivas. As situações não estão deliberadamente contra nós. A partir das experiências que tivermos vivenciado é que desenvolveremos uma maneira própria de sentir e enxergar a vida. Haverá sempre uma predisposição nossa ao lidar com cada uma das situações às quais formos sendo apresentados.

Quem quiser atingir o pico da montanha não poderá levar muito peso. Se cultivarmos o mal, mesmo que justificadamente, ele ficará conosco e nunca nos libertaremos dele.

É preciso nos libertar das definições imediatistas e conclusivas em que preto é preto e branco é branco, assim como das soluções milagrosas para os nossos problemas e sair em busca de um entendimento maior e mais verdadeiro sobre todas as coisas.

A serpente

A personagem central deste capítulo é mesmo uma grande vilã. É cobra criada que serpenteia traiçoeira por entre nós, destilando seu veneno de forma vil. É um sentimento dissimulado e inconfessável, mas que se faz presente de forma bastante imperativa. Inveja, cobiça e até mesmo admiração, às vezes, mesclam-se, mas são bastante distintas em suas características básicas. A tal da "inveja boa" que costumamos sentir precisa ser objeto da nossa atenção.

Já usamos esta expressão com seu significado adquirido sem nos questionar mais profundamente. Nenhuma inveja pode ser boa, a não ser que sirva como uma tomada de consciência e de incentivo para melhorarmos nossas vidas. Mas, lembremos: a inveja não é um sentimento fácil de ser reconhecido e, por isso mesmo, seus estragos causam vítimas às vezes de maneira aparentemente involuntária.

Nunca seremos totalmente felizes apenas por acabar com a felicidade do outro, mas somente quando nos libertarmos daquilo que dói em nós.

Ferida aberta

Posto que a inveja nos faz acreditar que é preciso destruir o outro para que ele não nos destrua, ela nos leva a crer que duas pessoas jamais possam ser boas naquilo que fazem ou são. Parece que, necessariamente, serão auto-excludentes. O êxito de uma aniquilaria a outra. Às vezes, confunde-se com o ciúme, com a necessidade de ser o eleito. Não sendo, surge de imediato o desejo de destruir aquele que o destronou. Com isso, passamos a cultivar o rancor, a mágoa; passamos a nutrir sentimentos negativos acerca de nós mesmos, até porque "não devemos mesmo ser valiosos, já que os outros sempre levam todos os prêmios".

Desde cedo, aprendemos a competir. Nove e meio não é uma nota suficientemente boa quando o seu amigo consegue um dez. É-nos incutido um medo de que se o outro for "melhor" do que nós, ninguém mais nos dará valor; não haverá lugar para os dois. A partir disso, passamos a não mais acreditar no amor, a não confiar que as coisas possam dar certo para nós. Tornamo-nos muito mais interessados em acompanhar o que acontece aos nossos "concorrentes" do que em aprimorar nossos talentos. Empenhamo-nos, a partir daí, em destruí-lo.

Mas como curar nossas feridas de desamor sem experimentar o amor, sem esta experiência restauradora? Não é mesmo possível tirar água de um poço vazio.

Se não estamos vivendo no amor, não sentiremos que somos amados; não amaremos os outros como iguais; não seremos capazes de lhes dar a mesma importância e deles cuidar da mesma forma que fazemos com os que mais amamos.

A inveja é meramente uma ferida aberta na qual esbarramos, de vez em quando, e que, a partir de então, leva-nos a antigos sentimentos. De forma consciente ou não, ela provoca em nós reações, que como a própria palavra indica, reação, não se trata de um agir livremente, mas sim em função de algo que veio primeiro e provocou em nós algum tipo de resposta.

Seria muito simplista dizer que a inveja apenas destrói e que precisamos buscar construir coisas, amar, desenvolver esse dom que supera qualquer dificuldade, inclusive as nossas próprias. O que precisamos, na verdade, é lembrar que a decisão em relação a nossas atitudes está sempre em nossas mãos. Somos nós quem precisamos optar pelo caminho a ser seguido, apesar de que nem sempre é fácil e possível.

Temos de nos permitir o convite de renovação a cada situação que nos chega na vida. Devemos dizer sim a uma forma diferente de viver, buscando, a partir disso, o melhor que nossas vidas têm a experimentar. Encontraremos uma outra forma de sentir, de pensar e de fazer as coisas, voltando o olhar para nossos próprios atos e responsabilizando-nos por tudo o que fazemos, por tudo o que cultivamos, dentro e fora de nós. A partir do momento que nos tornarmos responsáveis pelo que desejamos na vida, poderemos começar a olhar para tudo de uma outra forma, buscando entendimento e não justificativas.

Começaremos a olhar como quem quer ver, reunir seus pertences para organizá-los, integrá-los. Como quem é capaz de se deixar conduzir por esse amor maior, que vai brotando quando conseguimos sair do automático, das reações impensadas a cada esbarrão na "ferida". Só assim estaremos mais alertas e conscientes a respeito de nossa própria vida.

Entender o porquê de sermos invejosos, avarentos, gulosos é superválido, mas é preciso ter cuidado para não ficarmos detidos na autopiedade ou nas reações que constituem os pecados. Precisamos nos abrir para este outro caminho: para a experiência do amor, do perdão e de seus benefícios. Necessitamos praticar, diária e voluntariamente, esse novo sentir; mudar por ele, para que transforme nosso viver. Caso contrário, continuaremos apenas nos sentindo "coitadinhos" ou sedentos de vingança, seja de forma transparente ou camuflada. Seremos "bichos feridos", remoendo eternamente nossas dores, que até mesmo nos parecerão justificativas cabíveis e razoáveis.

SENTINDO-SE CULPADO

Quando não temos simpatia por alguém, principalmente se, objetiva ou subjetivamente, tivermos razões para tal, alegramo-nos com suas derrotas. Sentimo-nos bem ao saber que fulano está mal. Parece que isso funciona como um castigo. Ele fez por merecer!

Enquanto as coisas continuarem assim, mantemo-nos "satisfeitos". Sentimos como se estivéssemos controlando a situação: "Fulano é mau, mas também não é feliz". "Fulana é rica, poderosa, bonita, mas está doente."

Entretanto, quando por algum motivo mudamos ou por termos melhorado internamente ou por criarmos um afeto àquela pessoa, mudamos também de atitude. Já não desejamos mais que seja castigada pela vida. Passamos até a sentir como se fôssemos os promotores do castigo.

É por esse motivo que, às vezes, nos vêm as culpas, as sensações ruins sobre nós mesmos. Sentimo-nos como geradores do mal.

É muito fácil julgar nossos atos e os dos outros também. Difícil é sair dessa atitude superficial e mergulhar nela, de outra forma, a fim de encontrar a nós mesmos, nossos fantasmas, nossos medos, nossa verdade mais interna que precisa ser resgatada, acolhida e restaurada. Isso é um processo. A vida é um processo. Nada acontece de uma hora para outra. Há que se ter calma, boa vontade e um enorme desejo de amar. O resto virá como acréscimo.

Preguiça

"Aversão ao trabalho; indolência. Morosidade, lentidão."
(*Dicionário Aurélio da Língua Portuguesa*)

HELEN

Todas as esperanças daquela moça estavam depositadas em seu novo emprego. Era o quarto em menos de dois anos. Não conseguia compreender o que havia de errado com ela; o porquê de ter sido despedida três vezes em tão curto período. Naquela manhã, arrumou-se com esmero e seguiu para seu primeiro dia de trabalho, munida de boa vontade e de uma dose habitual de preguiça, embora não tivesse consciência disso. Antes mesmo de começar a trabalhar e sabedora do quanto precisava daquele salário, já se sentia meio injustiçada e merecedora de um descanso. Vivia estafada, esgotada. Era lenta em suas decisões. Tentava sempre passar suas tarefas para alguém que, segundo seu julgamento, tivesse mais tempo disponível do que ela, mais experiência, mais isso, mais aquilo. Qualquer desculpa era válida desde que ela conseguisse "tirar o corpo fora".

Pedia ajuda em tempo integral, não com o intuito de aprender, mas com o objetivo de escapar do cumprimento de seus deveres. Sempre postergava suas decisões e, com isso, acabava "pisando na bola" continuamente; deixando a desejar. Seus chefes toleravam um, dois meses, mas depois tornava-se impossível justificar tais atitudes.

Sua vida social também não era nada boa. Os amigos já haviam se cansado de convidar, insistir, telefonar... Ela sempre arrumava uma desculpa. Nunca estava disposta, disponível, interessada. A preguiça era maior do que a vontade de sair, de movimentar-se; de viver participativamente.

Tais atitudes e comportamentos encobriam, na realidade, o medo de Helen em defrontar-se consigo mesma, de aceitar os desafios, as propostas que iam além da sua compreensão da situação. Parecia-lhe mais fácil agir dessa maneira do que se olhar de frente, ouvir e ponderar as constantes críticas e delas se utilizar para começar a se questionar e, quem sabe, mudar seu comportamento.

Não resta dúvidas de que se tornara uma pessoa relapsa, fugidia, preguiçosa.

A PROPÓSITO DE HELEN

"Preguiça é a vontade de descansar mesmo antes de estar cansado."

Nos dias de hoje é difícil perceber o lugar dos nossos pecados e a ação deles na nossa vida, primeiro, porque, na maioria das vezes, eles não são considerados nada demais, já que todo mundo faz mesmo, e segundo, porque eles são caracterizados, quando muito, como problemas de personalidade.

Nosso objetivo ao falar sobre os pecados é levar as pessoas a refletirem sobre suas vidas; levá-las a uma tomada de consciência. Fazer com que cada um volte seu olhar para valores que já estão se tornando obsoletos, mas que, aos poucos, vão nos fazendo adoecer. Tudo parece facilmente tratável por terapias e médicos, mas é importante lembrar que até na terapia chega o momento em que ninguém pode interferir na decisão pessoal do outro. Além disso, existem as resistências, ou seja, as dificuldades pessoais de ver o que precisa ser visto e perceber o que está aí falando conosco, pedindo para ser entendido; clamando por um possível recomeço.

A preguiça, como vimos na história de Helen, pode ser descrita como um "empurrar a vida com a barriga" ou um depositar dos nossos problemas nos ombros dos outros. O pior é que muitas vezes agimos assim sem perceber.

Esse tipo de comportamento pode apresentar várias características: reclamação constante e generalizada; o tal "empurrar com a barriga"; habitual pedido de ajuda ou de compreensão alheia e, ainda, freqüentes argumentações para conseguirmos descansar um pouco mais. Quando acometidos pela preguiça, sempre nos imaginamos cansados.

A preguiça, em nível mais profundo, parece demonstrar a nossa resistência em mergulhar fundo, trabalhar de verdade, como se pudéssemos ficar à espera de... É como se predominasse em nós um comportamento meio mágico, cômodo. Isto nos leva a não assumirmos na prática a responsabilidade pelos nossos atos, pelo fazer! Assim nos tornamos relapsos, apresentando desculpas para tudo e, o pior, não nos desenvolvemos, pela falta de realizar o que a nós caberia.

Com isso, podemos desenvolver outros problemas paralelos, como, por exemplo, engordar, pelo estilo de vida que procura, acima de tudo, o conforto e o menor esforço, e tornar-nos anti-sociáveis ou não confiáveis profissionalmente, por darmos muitas desculpas sobre nossas ausências (as pessoas acabam desistindo de convidar ou de contar com alguém que dá tantas desculpas).

Precisaríamos pensar mais a fundo nestas questões cotidianas. Às vezes não notamos, mas, por alguma razão mais séria, estamos nos distanciando das coisas ou pode até ser que cheguemos à conclusão de que nunca estivemos com elas.

Parece fácil e automático viver, mas todos temos nossas dificuldades. Pode ser que o que, aparentemente, mostra-se como preguiça e irresponsabilidade seja um importante sinal interno que não estejamos sendo capazes de perceber e de decodificar devidamente. É sabido que o tempo não pára e, preguiçosos ou não, teremos de responder por nossos atos. A vida acabará nos cobrando as imensas oportunidades que nos deu e o tanto que não soubemos aproveitar.

É hora, portanto, de irmos à luta e esquecer a preguiça!

A LEI DO MENOR ESFORÇO

A preguiça vem da ilusão de não precisarmos nos esforçar, nem responder por nossas vidas; de investir no caminho mais fácil, na tal "lei do menor esforço". Se não nos exercitamos, atrofiamos: cabeça, corpo, alma. A preguiça opõe-se ao nosso desenvolvimento, ao nosso empenho, à perseverança. No dia-a-dia, pode-se apresentar sob a forma de resistências. Resistimos às coisas que precisamos fazer. Sem dúvida, pode ter várias "causas" atreladas ao nosso passado. É possível que muitas das coisas que aprendemos ou vivenciamos possam ter nos transformado em preguiçosos. A preguiça pode, ainda, confundir-se com certas "doenças", tornando-nos tristes, desmotivados e desesperançosos. Não podemos julgar nem generalizar nada, mas podemos nos questionar, a fim de chegar a um viver mais "saudável" e mais leve.

Às vezes, deparamo-nos diante de uma séria questão: determinados comportamentos seriam uma grande preguiça ou uma enorme depressão? Lentidão, falta de motivação, de empenho, além de uma variada gama de tristezas, sofrimentos e dificuldades de causas diferentes... Ganhamos rótulos; sem sequer podermos identificar a real dificuldade que estamos experimentando. É claro que nem toda grande preguiça significa uma depressão; essa depende de vários outros fatores. Entretanto, quando recebemos o diagnóstico oficial – depressão – logo nos sentimos acometidos por uma doença sobre a qual não temos responsabilidade alguma. E aí, preguiçosamente, nos acomodamos. Por vezes, até nos sentimos aliviados, já que não há nada a ser feito que dependa de nós. Eximimo-nos de toda e qualquer culpa. Nem nos passa pela cabeça assumir a nossa parte nessa história. O que nos cabe não é "deixar barato", chorar e tentar nos conformar com nossa sina. Tampouco nos revoltar contra o destino, mas buscar uma saída, fazer por onde, lutar por uma melhora, em vez de entregar os pontos.

Não vamos nos deter na depressão já que o assunto aqui é a preguiça. Uma coisa não é, em absoluto, sinônimo da outra. Pode ser, apenas, que a preguiça esteja embutida na depressão, prejudicando nosso desenvolvimento, nosso crescimento, nossa melhora. Ela, a preguiça, impede-nos de continuar e, às vezes, até mesmo de iniciar coisas importantes para nós. Coisas, muitas vezes, vitais. E, aqui, poderíamos começar, então, a falar de medo. Ele muitas vezes também se disfarça em preguiça e nos impede de agir, de buscar soluções.

Imaginamos, em uma primeira análise, que, ao nos empenhar em busca de respostas e de novos caminhos, vamos nos deparar com nossas limitações, nossa pequenez, e, por conseguinte, machucar-nos, ferir-nos. Refugamos diante da idéia de sofrer com essas descobertas e nos enchemos de resistências, de dificuldades... Não temos, muitas vezes, a consciência de que, por estarmos fugindo, não iremos deixar de sofrer, deixar de sentir os estragos causados por determinadas coisas que estão dentro de nós.

Só o enfrentamento e a compreensão delas é que podem vir a ser de alguma ajuda, e com medo, com preguiça, acabamos ficando estagnados. Sofremos, nos ferimos, nos machucamos, mas não saímos do lugar. É a "lei do menor esforço."

Peso morto

A preguiça também nos remete a comportamentos possivelmente adquiridos na infância. Por que alguém acharia que não precisa se empenhar? Mimo? Superproteção? Desejo de não encarar a realidade e de, conseqüentemente, não responder por ela? É, às vezes, precisamos entrar no "túnel do tempo" e nos permitir revisitar a "nossa criança." Chegar até lá é conseqüência de uma grande jornada, consciente, onde perdemos as ilusões e... nos achamos. É um caminho longo e árduo este que nos leva a entender que os nossos problemas não estão fora de nós. Não se trata de sermos cordeirinhos, mas pessoas renascidas de seus medos e rancores, para nos transformar em pessoas amorosas e pacíficas.

Mergulhados nesses valores, eles, naturalmente, transbordarão e atingirão quem passar por perto. Mas, nada disso se faz possível quando nos deixamos ficar, encolhidos em um canto, com preguiça de crescer.

Todos temos de interagir com o mundo e conosco mesmos, com nossos sentimentos e nossas necessidades, mas algumas vezes achamos que podemos deixar para amanhã, para daqui a alguns meses, sabe-se lá para quando... Acabamos, muitas vezes, desenvolvendo a preguiça por entender que não precisamos mexer em certas coisas, e deixamos ficar, deixamos para lá, ou ainda, que façam por nós.

O fato é que imaginamos que tudo vá chegar até nós mesmo sem o nosso esforço. Por um lado, pode ser um pensamento confortante, mas, por outro, pode significar que, da mesma forma, virão coisas ruins também. Corremos o risco de sofrer por antever o que, por certo, nunca virá.

Pode ser que sempre tenham feito por nós, mas, afinal de contas, isso não seria desculpa. Nós é que permitimos que fosse dessa forma. Afinal de contas, por mais que desejemos fugir, somos responsáveis pelo que fazemos e pelo que deixamos que nos aconteça. Talvez tenhamos aprendido que "quem espera sempre alcança" e, aí, cruzamos os braços, enferrujamos, criamos maus hábitos e deformamos o nosso viver. Podemos até chegar a nos tornar pessoas abusadas, por não fazer a nossa parte; pessoas de difícil convívio; pessoas difíceis quando a situação assim exija. Tornamo-nos pesos mortos, pessoas que não dão conta de suas tarefas e acabam sempre jogando suas responsabilidades nas mãos de quem estiver disponível.

Mas, afinal, por que a preguiça é um pecado se, quando agimos de forma preguiçosa, prejudicamos a nós próprios? Bem, para começo de conversa, isto já seria o suficiente, pois fazendo mal a nós mesmos, acabaremos sempre envolvendo os que nos cercam. Aqueles que, de alguma forma, compartilham nossas vidas sempre sofrem com os respingos, as conseqüências de nossos atos.

Alguns preguiçosos procuram desculpar-se, escondendo-se atrás de "escudos" do tipo: "Eu não faço isso porque não tenho condições físicas ou emocionais". "Não conseguiria acompanhar tal raciocínio. Isso é muito difícil para mim", ou ainda, "Já dei muito duro nesta minha vida. Agora quero mais é ficar de pernas pro ar"... E ficam estagnados.

É assim que deixamos de crescer, de nos aprimorar. Quando em estado de preguiça, podemos ainda retrucar, alegando que não fazemos isso ou aquilo por falta de condição. O fato é que, a exemplo dos outros pecados, assumir que somos preguiçosos é mais do que inteireza de caráter. Nem sabemos ao certo o que compreende a preguiça. Achamos que é aquela moleza que dá e que deixamos para depois o que tiver de ser feito. A preguiça é muito mais extensiva. Diz respeito aos adiamentos vários que fazemos vida a fora. É também aquela má vontade, a resistência que sentimos em relação a certas ocasiões.

Ter preguiça é empacar, deixar de ir, acomodar-se.

Talvez o cerne do problema esteja em exercer apenas o livre-arbítrio no sentido do exercício do egoísmo: só fazer o que se quer! O preguiçoso deveria se lembrar que não é o único ser existente na face da Terra, o único que importa, aquele que deve ser satisfeito.

Devemos ficar atentos. É preciso boa vontade, sair um pouco de nós mesmos e nos abrirmos ao outro. Ao amor.

SENTADOS À BEIRA DO CAMINHO

Lembremo-nos, então, que não estamos sozinhos no mundo e que nossas ações criam efeitos na vida alheia também. Se, por preguiça, não damos seqüência a alguma coisa, além de ficarmos defasados, poderemos estar atrapalhando os passos de outras pessoas. Nossos pecados sempre afetam os outros, criam uma onda de estragos.

Não podemos, assim, ficar sentados à beira do caminho, atrapalhando os que querem passar. Mas como a maioria das coisas é inconsciente, nem notaremos a avalanche que estaremos movendo sobre nós... e até acusaremos os outros de pouco solícitos ou disponíveis. Não veremos nossas ações com profundidade nem responsabilidade. Estaremos muito mais à espera de..., querendo coisas, nos sentindo reis ou quem sabe mendigos, mas igualmente pedintes, parados, sentados à beira do caminho.

ESPERANDO CAIR DO CÉU

Sem persistir, perseverar, jamais passaremos do ponto em que estamos. Precisamos de muito discernimento para não nos defender infinitamente do trabalho duro!

Todos sonhamos com as coisas, caídas do céu... Quando temos certa facilidade para alguma coisa aí mesmo já achamos não precisar nos esforçar: "Ah, eu tenho o dom para música, não preciso estudar..."

Quem não trabalha suas capacidades acaba assistindo sua atrofia.

As coisas nos iludem muito e nós, sempre ávidos pelo caminho mais fácil, acabamos nos lamentando por ceder às facilidades aparentes, como se tivéssemos sido trapaceados. Estamos em um mundo que tenta nos enganar a cada instante.

Devemos estar atentos, vigiar e orar para não cairmos no que para nós é tentação. Não estamos de férias. Nossa vida é um eterno caminhar. Mesmo nas meditações em que estamos em silêncio nos exercitando, há o movimento, há a intenção de buscar.

Não há espaço para a preguiça. Descanso, sim, preguiça, não.

Mas cuidemos sempre, pois as situações não deixam de nos pregar peças.

Nosso egoísmo nos convence de que merecemos descanso e que a vida tem sido muito dura conosco. Fugimos da raia, relaxamos, evitamos as disciplinas.

Acordemos! Chega de preguiça, ou assistiremos a vida passar pela janela, certos de que o nosso destino não nos privilegiou suficientemente e, aí, já teremos nos tornado uns chatos, preguiçosos e sem noção da nossa própria preguiça.

A NECESSIDADE: UMA GRANDE SAÍDA

Quando gravemente doentes ou às vésperas de uma importante prova, jogamos a toalha de vez ou a pressão nos possibilita uma grande virada. Enquanto o prazo não se esgota, nos damos o direito de postergar nossos compromissos e necessidades... É da nossa natureza! É como se nosso estado mais natural fosse o ponto morto. Toda ação requer esforço, ousadia, confirmação.

Geralmente é mais fácil iniciar uma tarefa do que dar continuidade a ela. Gostamos dos grandes movimentos, das novidades... Mas ralar o passo a passo, longe dos holofotes e das câmeras, requer muito de nós. Certamente será assim que chegaremos além de nossas preguiças, aos grandes feitos dentro de nós.

Se não aprendermos a ser pacientes e dedicados, como os agricultores amantes de seu trabalho, capazes de recomeçar a cada derrubada do tempo ou de uma nova praga, não passaremos de infelizes reclamões, incapazes sequer de entender por onde e para que recomeçar.

Deixamo-nos iludir muito com a vida: geralmente buscamos novidades que nos animem e nos entretenham assim, como as coisas que dêem lucro fácil. Se permanecermos na preguiça, por achar que tudo está em ordem, poderemos estar passando por cima da prevenção. Nosso comodismo nos faz procurar o médico apenas quando estamos mal.

Não nos cuidamos diariamente, pois isso exige trabalho, constância, valorização dessas coisas. Só corremos atrás do prejuízo quando a coisa fica séria!

Se não desenvolvermos um senso de importância para cuidar de nossas vidas, ficaremos meio "moles" mesmo. O duro é reconhecer essas questões e partir para um fazer diferente. Sempre haverá uma desculpa, uma justificativa e lá ficaremos nós... sim, ficaremos porque assim, de fato, não andaremos, a não ser em círculos, pois estaremos desenvolvendo um esforço enorme para lutar contra nossa preguiça, ainda sem a consciência de que será em benefício próprio e não um favor a quem quer que seja.

Gula

> "Apego excessivo a boas iguarias,
> excesso na comida e na bebida."
> (*Dicionário Aurélio da língua Portuguesa*)

NEM OITO NEM OITENTA

Dona Gema é uma *vera mamma* italiana, como manda o figurino, ou melhor, os livros de receitas. Quanto aos figurinos, diríamos que ela foge um pouco do padrão de pesos e medidas estipulados como ideais. Ela faz o que pode, e o que não pode também, tentando distribuir 85 quilos em 1 metro e 60 centímetros de altura. Mas isso, em absoluto, afeta sua "enorme" alegria de viver. É uma mulher bonita, forte e ativa. Adora passar horas na cozinha, inventando novos molhos e diferentes combinações. Os almoços de domingo em sua casa são sempre uma grande festa, em que se celebra o alimento antes de qualquer coisa. Tudo começa com polentas fritas. Que tentação! Não bastasse a fritura propriamente dita, ainda são servidas cobertas por queijo ralado na hora. Fresquinho. A seguir, vem uma lingüicinha e um salaminho cortado bem fininho, acompanhado de rodelas de limão. Dona Gema acredita que servido dessa forma fica livre de qualquer gordura. Tudo isso acompanhado por um delicioso vinho tinto.

Depois de muitos "beliscos", aqui e ali, é finalmente chegada a hora mais esperada do dia. É servida a macarronada, sua especialidade. Os molhos variam a cada domingo, mas os suspiros e gemidos de prazer são sempre os mesmos. Depois das sobremesas, que vão das frutas aos pudins, passando pelas musses e outras guloseimas, são servidos ainda um cafezinho caprichado acompanhado de biscoitinhos amanteigados feitos por ela. A família é grande e cada um se "esparrama" como pode em um dos cantos da casa, depois de tamanha orgia. Um soninho depois do almoço é "de lei".

Aos poucos, vão acordando e "voltando à realidade". Uns sentem-se culpados e juram que a partir da manhã seguinte vão começar um regime rigoroso, não antes de comerem mais uns biscoitinhos e umas colheradas de musse. Outros saem à procura de mais um pedacinho de torta, só para "arrematar". Isso sem falar nos que se levantam em busca de antiácidos e remédios que possam facilitar a digestão.

Já na casa de uma de suas netas as coisas acontecem de uma forma bem diferente. Não se come carne por lá. Nem mesmo da branca. Ovos, queijos e leite também foram abolidos faz tempo. São naturalistas radicais. Comem apenas frutas, hortaliças e grãos. Fazem meditação antes de cada refeição e transformam o ato de comer em um grande ritual.

Quem estaria certo nessa história? Tanto a *nonna* Gema quanto sua neta estão sendo radicais em demasia. Uns deixam-se levar pela gula e outros, no ímpeto de fazer uma escolha mais saudável, acabam também perdendo qualidade de vida. O uso da alimentação, a alquimia dos alimentos, é fonte geradora de equilíbrio para o nosso corpo. Já foi dito sabiamente que comemos para viver e não vivemos para comer. A natureza não perdoa. Se agredirmos as regras básicas de uma alimentação saudável, somos obrigados a arcar com suas conseqüências. Dona Gema e seus convivas de todos os domingos são aparentemente saudáveis, mas provavelmente, por trás de toda aquela exuberância, existam problemas de hipertensão, obstruções por placas de gordura ou excesso de ácido úrico, por exemplo. Isso sem falar nos tantos outros problemas existenciais escondidos atrás de cada colherada. Essas são, certamente, pessoas agitadas, que sentem muito calor e algum desconforto estomacal.

Por outro lado, sua neta e seus amigos, por conta de um radicalismo exacerbado, em que o jejum e dietas radicais são freqüentes, acabam não se nutrindo adequadamente. Muitos perderam a força e o viço. De certo que entre os dois opostos, a opção da neta, fugindo da gula de seus familiares, é ainda a mais saudável; entretanto, a falta total de determinados alimentos por um longo período, sem que haja algum tipo de reposição ou compensação, pode acabar por consumir nossa própria energia.

O mal-estar causado pelos excessos, sejam eles quais forem, certamente são a maior punição para os nossos "pecados". O ideal seria escutar o nosso organismo e especialmente nossas emoções, a fim de não cometermos exageros.

Devíamos tentar perceber como cada alimento se manifesta em nosso corpo, o que comemos junto com eles, e tirar disso o maior proveito possível. Coerência e disciplina podem ser grandes aliadas na busca de uma alimentação mais saudável, mas há sempre mais a ser desvendado.

Temos fome de quê?

Vivemos ansiosos e acabamos comendo não só o que nos alimenta fisicamente. Muitas vezes, tornamo-nos vorazes em relação a várias outras coisas. A ansiedade nos leva a um desconforto, a uma insegurança, a uma intolerância e, então, lá vamos nós, "caindo de boca". O pior disso tudo é que nos tornamos cativos e nem mesmo percebemos. Mesmo sem querer, lá estamos de novo, sem controle de nossos atos, a despeito dos estragos percebidos.

A gula não se limita ao comer demasiado ou sem controle. Vai além. Abrange uma outra gama de comportamentos, em que devoramos coisas e pessoas. Ao "atacar" geladeira ou, quem sabe, ao devorar um cigarro ou uma garrafa de cerveja, estamos, na verdade, procurando responder a alguma dificuldade. É claro que tudo isso tem a ver com a história de vida de cada um.

A gula parece ser o doce que vai nos acalmar, nos alegrar, nos dar uma possibilidade de prazer e satisfação mais alcançável e imediata. Às vezes, há um lado em nós que não suporta esperar coisa alguma. Saímos, então, reagindo, tapando buracos. Não temos paciência! Não conseguimos tolerar a frustração, o vazio, a falta. Entramos em desconforto, em angústia. Nosso corpo pede por uma compensação. Obviamente as coisas não acontecem assim, de forma consciente. E desse modo, essas coisas passam a ser o nosso viver, e, quando tentamos reagir, geralmente nos concentramos apenas em atacar as conseqüências, os vícios aos quais já nos vinculamos. Deveríamos, sim, entender essas dependências: nossa forma de ser que transparece em nossa maneira de viver.

Desinformados sobre nossos processos, passamos longe daquilo que realmente requer nossa atenção. Passamos a agir como crianças, dependentes... precisamos crescer!

Lá no fundo, é como se temêssemos perder coisas e pessoas. Como se um lado em nós ainda fosse e se relacionasse com o mundo como criança, realmente. Temos de tentar colocar a comida e a bebida em seus devidos lugares, exercendo suas reais funções, caso contrário, teremos muitos problemas.

É claro que algumas coisas são muito gostosas e há um prazer relacionado à alimentação. Não sejamos radicais, não nos permitindo desfrutá-lo. O problema existe quando nos voltamos para a gula até por impossibilidade de sentir satisfação e êxito em outras áreas.

Quando nos perdemos nos excessos, acabamos nos deparando com a culpa e, por conseguinte, não saboreamos coisa alguma de forma satisfatória. Acabamos apenas cheios, embora mal-alimentados. Nosso peso aumenta, nossa consciência pesa, mas, continuamos insatisfeitos.

Salada mista

Poderíamos, enquanto gulosos, "dividir-nos" em diferentes "grupos":

1- **Os vorazes:** Comemos com tanta ânsia que mal conseguimos mastigar. Corremos o risco de causar-nos sérias perturbações digestivas e, pior, continuamos com a sensação de fome. Em vez de nos fixar no prazer de cada garfada, de cada mordida, de aproveitar todas as sensações desse ato, engolimos tudo, inclusive os sentimentos, com sofreguidão. Sequer temos tempo de saborear, de entender; sequer temos tempo de desfrutar o prazer de viver cada dia, pouco a pouco.

Cada mudança, cada descoberta requer tempo de assimilação. Assim é também com o ato de comer. Se mastigarmos bastante e comermos aos poucos, será fácil atingir a satisfação sem tantos exageros... Bem, é certo que não é tão simples assim.

2- **Os excessivos:** Nunca sabemos quando parar. Extrapolamos os limites da fome e da razão. Não pesamos as conseqüências, mas nos assustamos com o nosso peso cada vez que subimos na balança. Nesse caso, o grande responsável não é a correria do dia-a-dia e a conseqüente falta de tempo para uma refeição mais balanceada. As razões são provavelmente muito mais profundas. Tentar suprir nossas carências com bombas de chocolate não é exatamente o que podemos chamar de uma grande descoberta.

3- **Os devoradores:** Comemos de tudo sem nos preocupar com a procedência ou a qualidade dos alimentos. As conseqüências são óbvias. Higiene, conservação e condições de preparo dos alimentos deveriam estar sempre entre nossas prioridades. Tal cuidado pode minimizar os efeitos maléficos de alguns dos problemas relacionados à gula, mas está longe de ser a chave para sanar os verdadeiros motivos que nos impulsionam, em alguns momentos, a devorar o que vemos pela frente.

Às vezes "devoramos" até aqueles que estão por perto e que, por algum motivo, nos incomodam, seja por sua beleza, sua posição, seu dinheiro. Nossa vontade é de mastigá-los, triturá-los. Engolir um por um todos os seus dons. Êpa! Mas, afinal, do que é que estamos falando? De gula ou de inveja? Ou será que em algumas ocasiões os pecados acabam sobrepondo-se, mesclando-se, formando uma grande "salada"?

4- **Os precavidos:** Assim como os camelos no deserto, comemos em demasia pela sensação de que amanhã não tenhamos o que comer. Um "prato cheio" para qualquer beduíno. Julgamos estar prevenindo o irremediável. Tememos que o amanhã não seja tão farto quanto hoje por falta de fé na vida e de confiança em nós mesmos.

Seja qual for o grupo ou o tipo de "salada" na qual estejamos envolvidos, o que devemos é procurar o equilíbrio entre nossas ações e nossos sentimentos para que não haja indigestões.

O INSACIÁVEL

A gula, como já dissemos, não existe apenas em relação à comida. Trata-se de um comportamento viciado no qual se quer mais e mais.

É uma necessidade de perpetuar aquela possibilidade de satisfação e de prazer; é um querer, um fazer e um sentir que não queremos esperar nem ter de pensar na possibilidade de perda ou de falta e, mesmo com a "barriga cheia", nem sempre nos sentimos satisfeitos ou saciados. A sensação, enquanto gulosos, é de que precisamos de mais e naquele exato momento.

Na gula há algo como que um pensamento mágico: um acesso rápido e direto "aos céus", uma espécie de idealização. Ah! Como é bom comer. É como se por alguns momentos o mundo parasse e os problemas se distanciassem durante aquela realização. Mas, e depois? Bem, depois precisamos de tudo de novo. Isso nos faz lembrar aquela criança que chora de se acabar quando, após um dia inteiro no parque de diversões, diz para a mãe: "Ah! Não! Só mais um pouquinho!" Ou, ainda, aquele "fominha de bola" que passa a manhã inteira jogando e, mesmo desgastado fisicamente, não se conforma em parar. Quer jogar só mais uma, a "saideira". Sabe que tem um compromisso importante dentro de 15 minutos, mas...

Sentimos angústia por parar e a decisão, muitas vezes, parece fugir ao nosso controle. A "necessidade" de "só mais um pouquinho", "só mais uma partida", "só mais uma fatia"... parece ser mais forte do que nós. É algo como se não "agüentássemos" não ter, não sentir, não poder... A sensação de vazio, ou abandono, às vezes nos invade. É muito inconsciente, a bem da verdade, por isso é que no lugar de buscar o passo a passo, a saída do labirinto, acabamos nos "contentando" com o prazer seguinte: "Ah! A vida já é tão dura! Eu ainda vou fazer jogo duro comigo, mexendo em doloridas feridas e me privando daquilo que ainda me dá prazer?"

Pois é, mais do que tudo, precisamos ser *livres*. Qualquer dos pecados representa prisões em nossas vidas, desvios, falsos atalhos, ilusões... Voltamos ao *egoísmo*. O comportamento guloso tem um quê de euforia e exagero. Fartura? Riqueza? "Tudo em exagero faz mal." Entorpece, anestesia, mascara a situação em que estão nossas vidas. Somos o espelho de nossos exageros. Muitas vezes fugimos de enfrentar importantes situações para o nosso crescimento e, dessa forma, impedimos o enriquecimento de nossas relações como os que nos cercam... com a vida. Agimos centrados em nós mesmos apenas. Egoisticamente. O problema é que quando nos prendemos à gula, não vamos além disso, além de nós mesmos, de nossas limitações e fraquezas. Buscamos, apenas, uma saciedade passageira.

Aprendendo a crescer

Quando bebês, somos alimentados e cuidados por pessoas que se tornam importantes, inclusive por essa função. Junto com o alimento vêm sentimentos associados que, às vezes, nos nutrem, outras vezes, nos deixam vazios e carentes. O alimento está associado aos sentimentos e à busca de nutrição satisfatória no sentido físico e também emocional. A sensação de nos sentirmos cuidados vai tendo uma importância fundamental na estruturação de nosso ser. E chega a hora do "desmame". Nesta altura já deveríamos ter desenvolvido condições internas de seguir em frente, aptos para enfrentar a vida e descobrir novos interesses e fontes de satisfação.

Contudo, isso nem sempre acontece. É como se apenas o corpo crescesse, e continuássemos a ser aquela criança chorando por nossas mães, por afeto e por alimento. A partir daí, sem perceber, vamos organizando substitutos para esse vazio em nossas vidas, para esse não amadurecimento ideal de nossa forma de ser e de ver o mundo. Acabamos não percebendo os sinais que a vida vai tentando nos dar.

Uma febre, por exemplo, manifesta-se a fim de nos chamar a atenção para um determinado problema em nosso organismo. É um alerta. Da mesma forma, poderíamos considerar nossos "pecados" como um recado para uma mudança de vida significativa. Mas se não estivermos atentos e, principalmente, buscando o nosso aprimoramento, acima, inclusive, do sucesso e satisfação imediatos, estes sinais de nada servirão. Às vezes precisamos "arder em febre" para atentar a essas mudanças de rumo; para crescermos de verdade.

Comida x pessoas

A comida tem a ver com a forma como nos relacionamos com as pessoas. Às vezes, comemos demais para não brigar, outras vezes, porque brigamos. Às vezes, comemos por estar com saudades e, em outras ocasiões, pela ansiedade criada por um reencontro. Comemos, ainda, quando não temos nada a fazer ou ninguém com quem dividir ou, ao contrário, quando os afazeres são muitos e todos parecem depender de nós. São inúmeros os motivos. Seja lá como for, não podemos ficar apenas reagindo comandados por nossas dificuldades, carências e desinformação a respeito de nós mesmos.

Não podemos permanecer para sempre tentando ser bonzinhos e imaginando que seja possível agradar todo mundo. É preciso nos liberar desse tipo de comportamento. Sabemos que não é tarefa fácil, mesmo porque a dependência nos dá a ilusão de estarmos sempre acompanhados, ainda que por uma macarronada ou uma caixa de chocolates. Passamos a nos guiar, mesmo que inconscientemente, por sentimentos aos quais somos remetidos em situação de dependência: "Não posso ir embora, caso contrário, não mais irão me amar", "Tenho medo de que, agindo assim, pareça abandono de minha parte. Dessa forma, poderei ser abandonado também". Pensando assim, acabamos abrindo mão de nossos propósitos mais profundos e permanecemos onde estamos, dependentes de comida, de pessoas etc. Experimentamos, dessa forma, conforme acontece em relação a todos os outros pecados, o medo, a incapacidade, a imaturidade e, quem sabe, a depressão.

Hoje em dia há uma pressão muito grande para que sejamos magros e, por parte de muitos, uma crença de que a magreza depende unicamente do esforço pessoal de cada um. Com isso, as pessoas vão ficando cada vez mais perdidas, frustradas, culpadas e... famintas de uma série de coisas. Sentem-se incapazes e, ao mesmo tempo, incompreendidas. Isso sem falar na rejeição que acabam experimentando por parte dos outros e, pior, por parte delas próprias.

É preciso aprender a respeitar e aceitar a nossa própria natureza, os nossos próprios limites, buscando aprender com o que nos chega. Mas, como toda moeda tem duas faces, há um lado bom nisso tudo: falamos aqui do recomeço. Às vezes precisamos cair para, a partir do tombo, reagir. É na tristeza profunda, no desencantamento com o mundo e com as pessoas que se faz possível o renascimento: a vida nova. Assim, como numa passagem da infância para a adolescência, em que o jovem deixa de pensar apenas em contentar os pais (seus ídolos até então), também aqui é preciso que se quebrem as idolatrias. Quem cuidará de nós de agora em diante seremos nós mesmos, e faremos o possível. É como se a partir deste ponto tudo começasse a ser mais real, menos idealizado, menos cheio de expectativas.

O REVERSO DA GULA

Gostaríamos de entender um pouco a gula no sentido da obsessividade: "ir com sede ao pote". Como dissemos, se nosso viver está desequilibrado, fechamo-nos em nossos problemas. Focamos nossas dores e somos conduzidos por nossa cegueira, nosso egoísmo. Com igual força, somos levados a não comer. Desenvolvemos uma compulsividade equivalente só que voltada para o lado inverso: o do não comer. A comida passa a assumir uma conotação de invasão em nossas vidas; passa a ser vista como um inimigo que prejudicará nossa oportunidade de ser feliz. O "oposto" à gula pode ser tão danoso quanto ela própria, ou mais.

Nos dias de hoje, em que a beleza é muitas vezes tratada de uma forma bastante equivocada, existe uma tendência a surgirem distúrbios alimentares, como a bulimia e a anorexia, e o risco de minimizar o problema, se o entendemos apenas superficialmente, é grande. É importante prestar atenção ao que o corpo nos dá de sinais em relação aos nossos sofrimentos internos.

Nos dias atuais, a mulher ideal é a magra, muito magra. Pais, maridos, amigos e familiares muitas vezes deixam-se contaminar pelas fotografias de modelos lânguidas e esquálidas que surgem nas capas das revistas e acabam, sem intenção, levando seus familiares, mais afeitos aos prazeres da mesa, a se julgarem fisicamente inadequados. Acabam sentindo-se culpados e desajustados e optam por caminhos desastrosos. No caso da anorexia, recusam-se a comer por mais que estejam abaixo de seu peso. Na verdade, nem têm mais esse parâmetro. Sua busca passa a ser por aceitação e isso vai muito além do físico e do entendimento racional. Já na bulimia, comem grandes quantidades em um pequeno período de tempo, forçando-se, logo a seguir, a estratégias totalmente inadequadas, a fim de evitar o aumento de peso, tais como a auto-indução do vômito ou o uso de laxantes e diuréticos em dosagens excessivas.

Portanto, todo cuidado é pouco, já que em muitos desses casos o paciente pode ser até internado em condições preocupantes, correndo perigo real de morte. Quando as coisas chegam a esse ponto, um acompanhamento médico e psicoterapêutico torna-se de fundamental importância.

A gula aqui é indireta, mas a dependência e a fome por amor, por sentir-se adequado, incluído, é a mesma. É preciso entender nossos mistérios para nos desapegarmos deles. Somos muito mais do que isso. Somos únicos, importantes como aquela simples nota musical sem a qual a harmonia não seria a mesma. O grande problema é que não sabemos amar nem nos sentir amados. Passamos nossas vidas buscando obter o amor de que precisamos por entender que só assim perceberemos o nosso valor. Que grande sofrimento! É como se quiséssemos "tirar leite de pedra"...

Nenhum ser humano pode nos suprir da forma que necessitamos e só sairemos disso fazendo o caminho contrário: nos reencontrando com o mais profundo de nós. Não conseguimos o distanciamento necessário para entender certas coisas em nosso comportamento. Estamos sofrendo demais com nossas feridas para perceber o quanto visamos apenas receber. Reclamamos e queremos sempre mais.

Bom será o dia em que pudermos nos valer de nossas dores e lágrimas para nos tornarmos mais capazes de entender por onde é a saída.

A vida não tem a intenção de nos maltratar; tudo vai depender do que estejamos fazendo com o que vivenciamos.

HARMONIA

Se na avareza o ter está em primeiro lugar, na gula, nossa busca de prazer e de satisfação pessoal fala mais alto. Não estaríamos, com essa definição, falando de um outro pecado, a luxúria? Na verdade, cada um deles, a seu modo, exercita primordialmente o egocentrismo. Esse, na verdade, como temos repetido, é o ponto comum entre todos os pecados. O prazer é, sem dúvida, uma das boas coisas da vida, mas se entregar aos extremos, à gula, por exemplo, é deixar-se levar por outros caminhos, muitas vezes tortuosos. É exorbitar. "A natureza sempre responde aos bons e aos maus-tratos" e não acontece de forma diferente conosco.

Às vezes, comemos para nos "proteger", mas, em outras tantas, a intenção de ataque é bem clara. Esse é o caso das adolescentes, que podem vir a se sentir "perseguidas" por suas mães. Perseguidas por suas mães? É, na verdade, por vezes, diante dos tais rígidos padrões de beleza atuais algumas mães, mesmo sem perceber, podem jogar em suas filhas algumas de suas expectativas e até frustrações. Traçam planos, mesmo que de forma inconsciente, e imaginam que por meio delas possam vir a realizar suas "fantasias de beleza" ou temem pela possível rejeição da filha a exemplo da sua própria. Dessa vez são elas, as mães, que, mesmo sem ter a intenção, dão o toque de partida – exercitam o egoísmo por primeiro. O duro é que não temos essa clareza. Normalmente, "não sabemos o que fazemos" e perdidos, continuamos transferindo expectativas e frustrações.

As filhas, por sua vez, reagem como podem. Umas entregam-se à gula por pura contestação, ou por ser a forma que encontram para mostrar que são pessoas individualistas, que desejam ser amadas pelo que são, do jeito que são. Outras, ainda, partem no caminho oposto, evitando a comida de forma drástica, em uma desesperada busca por aprovação e necessidade de carinho e aceitação, ou por se sentirem gordas por conta da sensação de muito espaço preenchido, em geral por suas mães, superpresentes e atuantes.

Gordos ou magros? Comer ou jejuar? Aceitar ou contestar? Buscar o equilíbrio, sempre. Seja na forma como nos alimentamos, nos comportamos diante da vida ou vivemos nossas emoções. A alquimia entre alimento, sentimento e prazer pode nos levar tanto "aos céus" como a uma grande desarmonia em relação ao nosso espaço, nosso corpo e nosso sentir. Se enchermos muito uma parte de nós, a outra ficará sem espaço para se expressar. Se houver muito trânsito de alimento em nosso corpo, ficaremos lentos e pouco aptos a sentimentos e pensamentos mais leves. Tudo em nós pesará.

Organizando a casa

O que nos faz parar de comer não é o fato de termos acertado com um método ou um médico. Paramos de devorar o que vemos pela frente quando passamos a desejar algo mais da vida; quando saímos da nossa condição sombria de seres humanos instintivos e reativos e nos permitimos ser diferentes. Só paramos quando em nós se inicia uma verdadeira busca. Várias coisas vão sendo reveladas no meio deste caminho, inclusive o fato de que para termos um bom peso, seja ele físico ou não, precisamos estar não apenas ingerindo com qualidade, com consciência, com critério, mas, igualmente, eliminando todos os nossos excessos, literalmente. Temos muitos acúmulos a eliminar em todos os níveis. Nunca chegaremos muito longe carregando tanto peso.

Como buscar algo maior e melhor com um trânsito tão intenso de alimentos e sentimentos estagnados dentro de nós? Desequilibramo-nos com a invasão de tantas coisas. Absorvemos tudo o que está ao nosso redor sem atentar ao que de fato estamos cultivando: nossos hábitos alimentares, que refletem nossos desejos, pensamentos, sentimentos e palavras. Mas como sair disso?

Sem "organização da casa", até poderemos parecer mais magros, mais calmos, mas estaremos apenas representando nossas necessidades galopantes. Será apenas uma arrumação de fachada. Mais cedo ou mais tarde, seremos vencidos novamente.

Precisamos de esclarecimento, de um reencontro. Uma parada sincera, sem autopiedade, para entendermos as nossas próprias verdades.

A caminho de nós mesmos

Precisamos recordar e refletir sobre como ocorreram nossas relações afetivas desde o início de nossas vidas, para entendermos melhor a origem e o funcionamento de nossas relações atuais, inclusive com os alimentos. Precisamos refazer o caminho. Quando não acontece dessa forma, acabamos embarcando no pensamento simplista de que precisamos apenas de força de vontade para mudar hábitos; para vencer a gula. Tudo é muito maior do que isso. Trata-se, na verdade, de como estamos desenvolvendo a nossa vida; de perceber ou não os sinais que estão sendo dados para que possamos aprofundar nosso autoconhecimento e, dessa forma, melhorar nosso viver.

Temos a tendência de querer nos livrar de nossas dores, nossos temores, nossos "pecados" com um passe de mágica. Se insistirmos nesse pensamento, estaremos apenas repetindo a maneira usual de agir, muito provavelmente colocando nas mãos dos outros a solução e o entendimento de nós mesmos. E, com isso, estaremos mais uma vez nos tornando dependentes. Valer-nos de uma ajuda é natural, não há mal algum nisso. Mas pretender transferir a responsabilidade de nossos atos já é pura ilusão.

Fala-se muito em gula, obesidade, anorexia, dependência de drogas (incluindo aí o álcool e o cigarro) de uma forma focal, imediatista: "Como vamos resolver esse problema?" Mas temos de pensar nessas situações como sintomas de algo maior que está gerando em nós esse tipo de comportamento, e não apenas rotulá-las como vícios, doenças ou pecados. Precisamos, inclusive, estar atentos, porque nem sempre os sinais são claros ou aparentes. Costumamos nos preocupar apenas com o que está visível, no entanto, às vezes, as verdadeiras causas de nossos problemas estão ocultas. E, como eliminar um sintoma sem eliminar sua causa?

Ouve-se muito dizer que só é gordo quem quer. Soa tão fácil... Dá-nos a entender que é uma questão exclusiva de força de vontade. Por outro lado, não nos furtamos em oferecer guloseimas a quem morre de medo de engordar só em pensar nelas, sem ter a menor noção do tipo de sofrimento que aquela pessoa possa estar experimentando. Não suspeitamos, sequer, que ela esteja, inconscientemente, querendo evitar ingerir qualquer coisa que seja, quer por medo de não estar suficientemente adequada aos padrões, quer pelo fato de as pessoas sempre terem exercido muita pressão sobre ela.

Às vezes, imaginamos que o mal para "todos os nossos pecados" pode ser resolvido com uma visita a um médico, tomando um remedinho... Achamos que ainda estamos com problemas porque o tratamento não foi correto. Queremos a solução mais rápida, aquela que não exija de nós sacrifícios. Buscamos a eficiência... do outro. Tudo parece estar sempre do lado de fora. Devemos nos lembrar que não somos mais bebês!

A vida nos chama a vencer as nossas dificuldades e limitações com coragem e superação. Alguns de nós, diante dos obstáculos, fogem ou pedem socorro; não tentam, entretanto, dar um passo além.

A possibilidade de virmos a nos frustrar pode gerar em nós muita ansiedade. A comida, muitas vezes, parece suprir a carência de algo importante para nós naquele momento. É como se brincássemos de poder ser aquilo que precisamos ser sem que para isso precisemos contar com mais ninguém. Substituímos o outro pela comida. Resolver não resolve, mas achamos que, naquele momento, nos satisfaz. Temporariamente até reduz a ansiedade, mas é uma situação ilusória: traz apenas uma aparente e momentânea sensação de alívio e relaxamento. Entretanto, logo, logo, voltamos à realidade e aí... se fazemos disso um hábito, podemos acabar perdendo o rumo da realidade e nos permitindo mergulhar na gula de forma incontestavelmente destrutiva.

Precisamos de calma para conseguirmos encarar nossos problemas e inquietações, nossos medos e angústias, a fim de que não percamos a preciosa oportunidade que nos está sendo dada de autoconhecimento e crescimento. É preciso estar atentos ao tanto que teremos de percorrer dentro de nós para conseguirmos caminhar. Certamente nos trará ansiedade. Muita. Mas iremos reavaliar nossos passos com coragem. Quanto mais trabalharmos nesse sentido, mais estaremos a caminho da verdadeira paz e libertação. A caminho de nós mesmos.

Ira

> "Cólera; impulso violento contra o que nos ofende, fere ou indigna."
> (*Dicionário Aurélio da Língua Portuguesa*)

CHUVAS E TROVOADAS

Sr. Cláudio negou-se a escutar o que tentavam dizer o vento forte, a chuva violenta e as calamidades geradas pelo nervosismo das ondas quebrando nas pedras e destruindo casas, calçadas, esperanças. Ou talvez, na verdade, não estivesse a seu alcance entender, compreender nem mesmo escutar. Tornara-se impossibilitado de escutar ou de enxergar além da sua fúria. Bem que gostaria de ter sido uma pessoa diferente; de se ter permitido baixar a guarda e deixar que o amor, o perdão e a compaixão lhe ensinassem uma outra forma de ver e de viver; uma outra forma de agir e de reagir. Infelizmente, mais uma vez, por total impossibilidade de fazer de uma forma diferente, ele pretendeu ser mais forte do que a natureza. Decidiu enfrentá-la e contestá-la, como era seu costume fazer todas as vezes que se via ameaçado ou importunado. Usava a ira como escudo protetor. Esta lhe dava a sensação de ser muito mais forte do que realmente era. Com isso, acabava afastando os outros de seu convívio, tornando-se cada vez mais "dependente" de seus subterfúgios.

Aparentemente, não tinha a menor paciência com as falhas alheias por julgar-se superior, mas bem lá no fundo talvez reconhecesse sua real condição de inferioridade. Qualquer coisa era motivo para explosões. O humor inconstante gerava um ambiente hostil onde quer que estivesse. Tinha poucos amigos. Muito poucos. Todos temiam seus arroubos de fúria por conta de qualquer bobagem. Sentia-se sempre no direito de gritar, espernear. Tinha atitudes extremadas e assustadoras quando se sentia inferior, oprimido ou acuado. Justificava-se sempre, colocando-se no lugar de vítima. Era infeliz, mas nem se dava conta. Não pretendia mudar. Não sabia como mudar. Era incapaz de ver um palmo além do próprio nariz. Além de sua insensatez. Não tinha discernimento algum nem senso de proporção. Agia sem medir as conseqüências de seus atos e sem se importar com a discórdia e desarmonia que gerava por onde passava.

Dia após dia, tornava-se uma pessoa mais amarga, mais rancorosa, mais intolerante. Sofria. Poderíamos dizer que a convivência com Sr. Cláudio chegara a um nível insuportável. Nem mesmo sua esposa e sua filha estavam conseguindo agüentar tanta raiva acumulada. "Raiva de quê?", perguntavam-se elas. "Afinal de contas, ele tem tudo o que um homem poderia desejar: saúde, trabalho, conforto e uma família que tenta, ainda que seja muito difícil, apoiá-lo e ajudá-lo." Entretanto, tudo parecia ser inútil. Não poupava ninguém. Quando se sentia contrariado ou injustiçado, transtornava-se, transfigurava-se. Transbordava sua ira atingindo, ferindo e magoando quem estivesse por perto, inclusive, ou talvez principalmente, a si próprio.

Certo dia, programou um final de semana na praia. Queria descansar. Repor suas energias. Sempre gostara de nadar e mantinha com o mar uma relação até que muito pacífica para seus padrões. Arrumou as malas e partiu com a família sem dar ouvidos às previsões meteorológicas e, muito menos, aos conselhos de sua esposa. Insistiu na viagem, a despeito do céu carregado. Chegaram à cidadezinha já bem tarde. Acomodaram-se e dormiram. Na manhã seguinte, a decepção: chovia muito, com ventos fortes e ondas exorbitantes. A praia estava interditada e os banhistas de "plantão" tiveram de mudar de planos. Não havia a menor possibilidade de enfrentar o mar. Nem mesmo os surfistas mais experientes ousariam. Entretanto... Sr. Cláudio não se fez de rogado. Estava revoltado com aquela situação. Detestava sentir-se impedido de fazer o que desejava. Tinha viajado três horas para entrar no mar e iria fazê-lo. "Não vão ser esses salva-vidas de 'araque' que me vão impedir", resmungava. Dali pra frente, tornou-se impossível demovê-lo daquela idéia absurda.

Dona Mariza e Janaína, sua filha, não tinham argumentos. Desistiram de continuar dando "murro em ponta de faca". Sr Cláudio estava vermelho, arfante, furioso. Queria porque queria enfrentar a ira da natureza com sua própria ira. Para ele, aquela situação passara a ser uma guerra de poder. Precisava mostrar que era mais forte, ou talvez desejasse, na verdade, de maneira totalmente inconsciente, pôr fim àquela vida desencontrada. Saiu batendo a porta em direção à praia. Não olhava para os lados nem pensava no absurdo daquele ato desmedido. Caminhou com passos firmes e decididos até ser barrado por um salva-vidas, que não poderia permitir tal insanidade. Sr. Cláudio mal conseguia acreditar no que considerava petulância daquele homem. "Quem será que você pensa que é para tentar me impedir", esbravejava. Discutiram por quase dez minutos, até que Sr. Cláudio, não contendo seus impulsos, partiu para a agressão física. Antes que fosse possível expandir toda sua ira, Sr. Cláudio foi acometido por um enfarte fulminante.

Sr. Cláudio aparentava estar diante de duas opções: ser devorado pelo mar ou por sua própria ira. Na verdade, teria uma outra, mas, infelizmente, jamais passara por sua cabeça. Poderia ter tentado mergulhar, sim, em seus sentimentos com a mesma decisão e obsessividade que desafiara o mar lúcido. Poderia ter transformado toda aquela energia destrutiva em uma oportunidade de ver transformada a sua vida. Nesse caso, muito provavelmente, ele próprio pudesse estar aqui para contar o final dessa história. Não o fez, não porque não o desejasse, mas porque sequer enxergou esta opção como a saída para o labirinto de inquietações em que vivia. Lutara tanto e contra tudo que não resistiu.

Na vida, às vezes, brigamos tanto por nos acharmos certos que nem vemos que os meios já passaram a justificar os fins; mas se não enxergamos além do nosso nariz, pelo simples fato de que somos cegos para o que nos custa ver, como nos sentir assim tão no direito de exercer a nossa revolta, a nossa indignação? Que violência é está que nos leva às raias da ira? Será que não estaremos sendo remetidos, através destes episódios mais atuais, àquelas situações antigas, que tanto doeram e ainda muito doem?!

A propósito de Sr. Cláudio

Ah, como é difícil não termos a resposta instintiva do ataque, indignados, feridos ou prejudicados. Vemos o mundo de forma muito parcial e egocêntrica. Perdoar, colocar-se no lugar do outro, ser compreensivo? É muito difícil! Temos sede de justiça, mesmo que isso implique pena de morte. "Não fui eu que comece", mas "quem fez tem de pagar!"

Temos mesmo um lado instintivo, violento, que, se estimulado, sai do nosso controle... É como jogar lenha na fogueira... não há como interromper o resultado. O incrível mesmo é que nem temos a dimensão do pecado. Não percebemos, em nosso estilo de vida, quando alguma coisa vem a ser pecado. Tudo virou coisa comum! Não temexmos por nossas ações desumanas, mas apenas pelo que não estamos conseguindo alcançar. Nosso olhar é muito curto, imediatista, desprovido de uma consciência mais aprofundada. Por que mudar, se não for apenas para melhorar nossa qualidade de vida?

Reforma interior? Preferimos muitas vezes investir mesmo é na reforma de nossa casa, de nossa aparência... Baseados em que, de que forma, sob que parâmetros deveríamos fazer essa tal de reforma interior? Dificilmente chegamos a pensar no fato de que precisamos questionar o nosso viver, entender o porquê de as coisas estarem como estão e o que acrescentar em nossas vidas a partir disso. Se o nosso viver é estritamente materialista, só compreendemos o aqui e o agora. Investiremos, portanto, em nos "safarmos", sem pensar que nossos atos terão suas conseqüências. Também não estaremos entendendo a importância de viver no amor. Visaremos apenas a nós mesmos e aos nossos interesses e pensaremos em punir os outros. Reagiremos em vez de nos deixar ensinar, valendo-nos de cada vivência para entendermos os caminhos que estamos adentrando e as propostas que a vida está nos fazendo permanentemente. Existe muito mais do que os nossos parâmetros lógicos e finitos nos permitem entender. Mas é preciso parar de culpar a tudo e a todos pelos nossos problemas. A questão é ouvir além de nossos "ruídos" habituais, que nos impedem de discernirmos os sons mais puros que estão por brotar.

Ao longo da vida, vivenciamos muitas situações naturais e cotidianas de frustração, fracassos, desencontros, engarrafamentos, medos, estresse e procuramos lidar com todas essas coisas da melhor maneira possível. Alguns, "de pavio curto" como o Sr. Cláudio, não "levam desaforo para casa". Mas outros até que tentam conciliar. Só explodem mesmo quando a situação chega a ser insuportável. O ponto importante em relação à ira como pecado, além dos possíveis estragos que possa causar, é que esta representa um obstáculo a nossa evolução, ao nosso crescimento. Se, a partir de um determinado momento, tornamo-nos cegos pela ira, não avançaremos além daquele ponto. Reagiremos e nos permitiremos invadir por esses sentimentos intensos e destrutivos, sem entender o que havia para ser entendido. Pensamos sempre nos parâmetros que conhecemos e que achamos razoáveis, e perdemos o essencial. A vida não é uma questão simplista de certos e errados. Há muito mais, muito mais... Mas isso há que ser vivenciado como uma experiência pessoal. Enquanto nossa mente nos encarcerar com esses parâmetros lógicos e vorazes, não estaremos disponíveis para perceber o que não pode ser explicado.

Em busca de um antídoto

Muitas vezes, tomados pela ira, mesmo sem agirmos de forma concreta, somos consumidos por nossos pensamentos e desejos, ávidos por uma espécie de "justiça reparadora". Na verdade, de alguma forma, acabamos matando os outros com nossa raiva, nossa ira, nossa indiferença ou qualquer outro tipo de julgamento. Acabamos alimentando dentro de nós idéias, sentimentos e desejos até que tomem corpo e, de alguma forma, nos aliviem por sua ação, ainda que, acreditamos, só em pensamentos. É como que uma arma a nosso dispor. Assim, o que pode parecer inofensivo e inócuo é a raiz de um mal que irá causar estragos dentro e fora de nós. Ao desejarmos que o outro "se dane", que seu negócio vá à falência, que não consiga o tal emprego que tanto deseja, ou ao ignorá-lo, estamos alimentando em nós a ira. Estamos matando em nós aquela pessoa, eliminando-a. Isto, certamente, trará algum tipo de conseqüência. Não estamos nos referindo a nada do tipo "aqui se faz, aqui se paga", a castigo ou coisa que o valha, mas, sim, a um mal que nós próprios estamos plantando em nossos corações. Estamos, dessa maneira, nos rendendo à ira, sendo movidos e engolidos por ela.

O importante, realmente, seria conseguir não exatamente pretender ignorar a pessoa que nos gerou tal reação, tal sentimento, matá-la dentro de nós, ou desejar-lhe todo o mal do mundo. Seria, sim, importante que, de alguma maneira, conseguíssemos, verdadeiramente, neutralizar esse sentir com a compreensão de que todos erramos. Todos estamos sujeitos a cometer falhas e a magoar os que nos cercam. Não é uma atitude fácil. De certo que não. Mas, só o fato de estarmos conscientes disso, imbuídos de uma busca nesse sentido, já seria, certamente, um primeiro passo para encontrar o tal antídoto contra a ira; para sermos transformados.

Tempos modernos

Nos dias de hoje, em que vivemos envoltos por enormes engarrafamentos, violência, desemprego e sabe-se lá mais o quê, parece difícil falar sobre a ira, dando-lhe a conotação de pecado. "Somos submetidos a tanto estresse..." Diante de tantos problemas, como não sair dos trilhos? "Ninguém é de ferro!" "Como pretenderem esperar de nós a outra face depois de nos ferirem de tão diferentes formas?" Pois é, justamente pensando dessa maneira é que nos armamos para nossas próximas "batalhas". Acreditamos no "olho por olho, dente por dente". Não há reservas de amor. Na verdade, nós, sim, é que acabamos vivendo na reserva.

Como esperar generosidade e compreensão em um mundo tão cruel? Nós mesmos formamos este tal mundo... É um "toma lá dá cá" sem limites. E aí? Bem, alguém tem de desistir de brigar, mas nunca nos perguntamos: "por que não eu?" Ao contrário, acabamos por dizer: "por que justo eu?" E, assim, tornamo-nos, por dentro, cada vez mais agressivos e nem sempre o percebemos. Justificamo-nos. Às vezes, já somos parte da reação em cadeia e nem sentimos. Mas, se somos agressivos e reagimos com ira, esta ficará em nós.

Por mais que não a identifiquemos e até a neguemos, se a tivermos cultivado, sentiremos dentro de nós os seus efeitos: seremos a ira! Podemos nos livrar de todos e a todos acusar, só não nos livraremos de nós mesmos; daquilo em que tivermos nos transformado. Por isso, temos muito trabalho a fazer: pacificar a nós mesmos.

A vontade de amar, de perdoar, de sair desse círculo destruidor e destrutivo é um passo importante. Precisamos nos amansar, mas não como um "bom cabrito que não berra", e, sim, com o intuito de dar um basta no turbilhão de coisas que acabam nos rachando.

Devemos ser aquele que dará o primeiro passo sem nos importarmos com a atitude alheia. O importante é caminhar visando às coisas construtivas, ao amor e à paz, mesmo em meio aos contratempos dessa tal de vida moderna.

Estar bem quando tudo está a favor é muito mais fácil. O importante é saber enfrentar com esperança e bom ânimo as adversidades. Momentos difíceis sempre haverão de vir...

O ato de apontar o dedo será, claramente, muito primário, para os que já tiverem entendido que a mudança, a paz e a felicidade dependerão unicamente de um movimento interno e perseverante; de uma mudança de parâmetros e de rumo.

A paz é possível sim, mas depende de largarmos nossas armas, nossas vinganças, nossos venenos estocados à espera do momento certo de cobrar a revanche.

Viremos a página... Se nos prendermos às vírgulas, perderemos o todo, que é muito maior. Mas somos apegados, até ao que nos faz mal... Acabamos tomando o veneno que tínhamos reservado para aquele que nos feriu.

Acordemos! Clamemos por libertação, por uma vida melhor, que não esteja na dependência de nenhuma alteração externa, mas que seja fruto da nossa sede de melhor entender, de buscar novos caminhos, novas atitudes, sem querer reconhecimentos ou agradecimentos...

Nós seremos os maiores beneficiados.

CHAMPANHA OU GUARANÁ?

Você certamente já viu uma garrafa de refrigerante explodindo depois de sacudida, não é? Não citaremos o champanha, porque este nos lembra comemorações e não seria bem o nosso caso... Fiquemos com o prosaico refrigerante mesmo. Cheio de gás comprimido, quando aberto de forma inadvertida, explode. Pois é... conosco, muitas vezes, acontece algo parecido. Em vez de, realmente, nos livrarmos da ira, apenas a armazenamos. Nem sempre respondemos a tudo com uma ira ativa, aparente. Guardamos tudo dentro de nossas "garrafas" e vamos nos corroendo por dentro. Parecemos uma bomba ambulante. Não aceitamos as coisas que nos acontecem de forma natural, como parte de nossa caminhada, resistimos a tudo e a todos em um constante exercício da ira. Borbulhamos... nos lamentamos, ainda que calados.

O que será que estamos guardando, cultivando? Sabe aquele fulano que aparenta ser muito feliz, e que aos olhos de todos tem tudo para isso, mas que, na verdade, é muito infeliz? Ele é, certamente, um bom exemplo dos que agem de uma forma e sentem de outra. Pretendem ser politicamente corretos sempre, mas ao primeiro tropeço mais forte da vida... Puff!!! Vão pelos ares. Temos de pensar em mudanças profundas e sinceras, não em paliativos superficiais.

TAL QUAL BICHOS

Parece-nos que esse sentimento é muito mais uma reação do que uma ação; uma resposta violenta aos impactos da vida; um impulso desordenado e capaz de gerar guerras e outros tantos males.

A satisfação da vingança, este é o prazer da ira. Quanto mais acuados e reprimidos, mais forte pode ser sua manifestação. Opõe-se ao perdão e à caridade, assim como a qualquer tipo de gentileza. É capaz de tornar as pessoas irreconhecíveis.

Quando irados, a princípio, nos sentimos vítimas, prejudicados e com todo o direito de dar o troco. Vem à boca o gosto de sangue... Ocorrem transformações físicas acionadas pelo sistema orgânico, a fim de preparar o corpo para a "batalha". Daí para frente, dificilmente se consegue responder pelos atos. Parece englobar todo tipo de violência: contra a arte, contra a natureza, contra o outro, mas, sobretudo, contra nós mesmos. Relaciona-se com a impaciência, a irritação, o nervosismo, a fúria e a ansiedade demasiada.

Há quem acredite que nem toda ira seja maléfica, desde que justa no objetivo. Justa? Moderada no exercício. Moderada? E caritativa na intenção. Entretanto, justiça, moderação e caridade são sentimentos diametralmente opostos à ira. Mahatma Ghandi dizia que controlar a ira é torná-la como o calor que é convertido em energia. A ira controlada pode ser convertida em uma força capaz de mover o mundo.

Sim, está sempre em nossas mãos a decisão do que fazer com o que a vida nos colocou naquele momento, quer por uma situação, quer pela força do que é mais natural em nosso comportamento e precisa ser depurado. Nascemos "bichos", mas precisamos chegar a seres humanos.

QUEM AMA É CAPAZ DE MATAR?

Que sentimento é esse que pode levar alguém a cometer um crime dito passional? Amor? Não, não pode ser amor! Pode ser que o orgulho, a inveja e a luxúria se vejam envolvidos em tal trama, mas o *grand finale*, o desfecho, o golpe fatal é mesmo deferido por ela: a ira, levada a seu extremo; às últimas conseqüências. É, na verdade, pura irracionalidade! É total incapacidade de lidar com os nossos sentimentos, medos, dúvidas, inquietações e rejeições; incapacidade de lidar conosco mesmos. É uma forma de fugir de nossos fracassos. Agredimos, imaginando que dessa forma estaremos nos livrando de ser agredidos. Pensamos: "Ao menos agimos primeiro". Conseguimos até a proeza de nos orgulharmos por "jogar a primeira pedra". Mas e o telhado de vidro? Será que não conseguimos ver um palmo a frente de nosso nariz? Às vezes não! Esse é o grande problema. Cegamo-nos pela ira; por nossa impulsividade e agressividade desmedidas. Sabe aquela história de que o sangue subiu à cabeça e a partir dali o fulano não viu mais nada? Pois é, precisamos abrir nossos olhos enquanto há tempo. E, antes de qualquer coisa, abrir o coração. Sabe os tais nós que a vida vai tratando de dar ao redor do nosso pescoço?

Não é a vida quem os dá. Somos nós próprios que o fazemos e, quanto mais reagimos, nos debatemos, esperneamos e agredimos, imaginando ser essa a nossa única defesa, mais nos "enforcamos". Não são eles os nossos inimigos, mas algo em nós está nos matando, os outros são apenas coadjuvantes.

ATO DE FÉ

Alguns de nós podemos nos imaginar sem escolha diante de algumas situações muito dramáticas. Mas sempre haverá a escolha de como devemos agir. É claro que a nossa natureza não é mole não! Somos muito instintivos e voltados para os nossos interesses, além de superdimencionarmos os nossos problemas... Não resta nada para os outros. Não temos nem a sensibilidade, nem o interesse de nos colocar na pele do outro, principalmente se ele nos prejudicou. É cada um por si! Amanhã poderemos estar do outro lado da história, "pisando na bola" até por limitação própria.

"Quem não tiver pecados atire a primeira pedra!" Todos temos, mas só os dos outros são graves, os nossos têm sempre uma justificativa. E o do outro, não? Talvez sim, mas não o perdoamos, não é? Impiedosos é o que somos. Será que aprendemos isso em algum lugar na nossa história de vida? De onde vem toda essa raiva, todo esse ressentimento que explode com tanta necessidade? Que sentimentos estaremos revivendo? Que rancor será este que nos move e que nos leva a causar tantos estragos?

Não podemos pretender que o mundo mude para vivermos pacificamente. Aquilo que temos e que tanto nos agride precisa, antes de tudo, ser tratado dentro de nós, pois o mal que está fora é apenas o mal que conseguimos reconhecer. Temos é de nos pacificar. Não é uma questão de "engolir sapos" ou concordar com tudo indiscriminadamente. É uma opção consciente e voluntária pelo amor, pela verdadeira vida que compreende coisas muito maiores, como saber-nos pequenos diante do mundo.

Não estamos aqui para brincar de deuses, querendo tudo a nosso dispor. Ao contrário, se nos abrirmos, entenderemos a proposta de crescimento, de desapego e de paz que está em cada entrelinha do nosso cotidiano. Perceberemos que somos iguais e que, portanto, devemos nos respeitar, uns aos outros, ao invés de continuarmos nos ferindo e magoando.

Precisamos ser mais compassivos com os outros e como as nossas próprias falhas.

Precisamos melhorar sempre, como humanos, como pessoas! Mas não somos voltados para isso. Somos animais que, quando feridos, nunca pensamos em "dar a outra face". Seria muita ingenuidade! E por aqui ficamos. Reagimos, agimos outra vez, da mesma forma, sem dar um passo adiante em direção a nossa evolução. Nascemos para ser águias, mas nos conformamos em viver como galinhas. Por quê? Porque não vamos além do que vemos todo mundo fazer. Porque não nos desenvolvemos no que nos libertaria de nossas vaidades, apegos e reações, ou seja, o amor.

Amar não é ser bobo ou alienado. É muito maior. Muito mais simples. Mas a mente sempre terá argumentos convincentes para nos atrapalhar, a título de nossa inteligência brilhante e de nossos brios...

O que adiantará sermos os grandes vencedores, se para isso tivermos de destruir a todos? Nunca estaremos em paz, satisfeitos ou felizes. Nosso viver será amargo, embora cheio de razão, mas ressentido e solitário, pela nossa própria incapacidade de perdoar e amar; de ter enxergado o sentido oculto de cada prova a que tivermos sido submetidos.

DE QUE VALE SER CERTINHO?!

Ficamos "uma fera" quando ouvimos histórias como a da parábola do Filho Pródigo contada na Bíblia.

Um dos filhos pede ao pai que lhe adiante sua parte da herança para ir viver sua vida como bem entendesse. Desta forma, sai pelo mundo em busca da realização de todos os seus sonhos. Um dia, o dinheiro acaba, junto com a maioria de suas ilusões. Após sofrer tentando se sustentar, decide voltar e pedir a seu pai um lugar entre seus empregados, por se lembrar de que estes comiam e eram tratados decentemente.

Quando o pai o vê de longe, aciona todos os empregados para celebrar sua volta. Pede que lhe providenciem um anel, roupas e que matem o melhor novilho para festejarem. Fica muito feliz, afinal, o filho que estava sumido havia retornado.

O outro filho, ao perceber tudo isso, fica transtornado! "Meu irmão sai irresponsavelmente pelo mundo, abandona todos os seus compromissos, gasta tudo o que recebera de ti e agora é recebido com festa?! Tu nunca mandaste matar animal algum para que eu me banqueteasse com os meus amigos, embora sempre estivesse aqui, presente, a te acompanhar e ajudar em tudo!" Ele só conseguia ver desigualdade, injustiça, quase... traição! Estava muito transtornado.

O pai vê tudo de outra maneira. Estava feliz porque o filho perdido havia retornado ao convívio; começaria uma vida nova. O outro não era objeto de suas preocupações, justo por estar a seu lado e por considerar que tudo o que era dele, pai, também era de seu filho.

Mas o irmão do Filho Pródigo não encara as coisas daquela forma. Havia se esmerado para ser um bom filho, talvez, o filho predileto, e seu pai lhe "retribuíra" com aquela atitude ilógica, injusta! Não fazia sentido, não dava para entender... Ele jamais poderia entender, por dois mais dois, a atitude do pai. Estava vendo tão-somente o seu lado e, na verdade, já não estava vendo mais nada!

O Filho Pródigo também não teve a intenção de aplicar um golpe no pai, mas de alguma forma conhecia a generosidade de quem é justo até em alimentar seus empregados. É como se já conhecesse a capacidade de perdoar de seu pai.

O pai, bem, este nem deve ter pensado se estava ou não sendo generoso. Estava era muito feliz por seu filho ter voltado. Isso para ele significava um recomeço, alguém que se perdeu e foi encontrado.

Quando fazemos alguma coisa com alguma intenção prévia, ainda que oculta, fica difícil entender a necessidade e a natureza imprescindível do perdão. Se estivermos fazendo coisas para agradar ou para chegar a algum lugar com isso, não seremos naturais. Estaremos nos sacrificando por uma meta a ser atingida, prendendo o fôlego para tentar chegar lá. Contudo, isso não será crescimento, necessariamente, mas uma atitude que tentará remediar algo que existe dentro de nós e do qual não conseguimos nos libertar, que pede por reconhecimento e justiça.

Nunca alcançaremos tais coisas dessa maneira ressentida e obsecada. Precisaremos fazer as pazes com o que nos magoa.

LIBERTANDO PARA SERMOS LIBERTADOS

Quando em pleno exercício da ira não notamos sua parte autodestrutiva, assim como no amor ficamos ligados a quem amamos, também na ira não conseguimos deixar de respirar o que nos incomoda. Não largamos do pé de quem odiamos, não o tiramos da cabeça. Vira e mexe voltamos a pensar no assunto e a desejar um desfecho mais adequado. Ficamos ligados e não seguimos com a nossa vida. Estancamos e queremos o outro pagando por seus pecados. Temos de libertá-lo para poder também nos libertar. Não importa quem esteja certo ou errado; um acabará por reter o outro. Sem virar a página, não encontramos descanso, nem a tão desejada justiça. Somos nós que temos de aliviar nossas expectativas e durezas. O que parecia feito para nos destruir pode ter sido a dose a mais, a pressão que faltava para chegarmos ao ponto de entender o que ainda não tinha ficado tão claro.

Luxúria

> "Devassidão, sensualidade, libertinagem."
> (*Dicionário Aurélio da Língua Portuguesa*)

Marina

Marina sempre procurou fazer seu próprio caminho. Vinda de família pobre, sempre desejou ser alguém na vida. Estudou e preparou-se para desfrutar de tudo o que julgara merecer. Era como se a vida lhe devesse isso. Era uma pessoa muito capaz e conseguira trilhar uma carreira e tanto. Era muito versátil e talentosa em diversas áreas, o que lhe conferia um especial brilho. Não passava sem ser notada.

Apesar disso, tinha suas inseguranças. Muitas, aliás, o que lhe custava tensões pelo corpo todo e momentos depressivos. Apesar de, sinceramente, empenhada em compreender e melhorar suas questões internas, não conseguia perceber ligação alguma entre o que vivia e o que sentia. Apesar do seu potencial evidente, precisava sempre se assegurar de que era valorizada e o fazia de forma obsessiva. Não fosse isso, Marina talvez tivesse chegado muito mais perto do que sonhara. Atrasava-se em sua caminhada.

Um dia, viveu uma situação muito embaraçosa, embora não totalmente desconhecida, mas bastante desconcertante e conflitante. Deixara-se envolver por um cobiçado solteirão.

Marcus, embora soubesse que Marina era casada, partiu para a sedução sem medir esforços. A princípio ela resistiu, mas logo se sentiu tentada a deixar-se levar por aquela circunstância incomum. Seu lado racional tentava segurá-la de todas as formas, mas não foi suficiente para impedi-la de cair em tentação: sentir-se irresistivelmente desejada por Marcus. Era muito forte a sua necessidade de dar vazão as suas fantasias, descomprometida com tudo; sentir-se no direito de viver o que seus instintos mandassem. Afinal, era sempre tão responsável e sisuda. Era o que Marina mais estranhava: como poderia ser igualmente tão severa em seus julgamentos e com seus compromissos e ao mesmo tempo tão irresponsável naquela situação?

Marina não conseguia perceber, mas tinha uma antiga dependência que não podia ser estimulada, como o tal primeiro gole que não pode ser dado.

Mesmo assim, ela tentou resistir à concretização dos fatos, afinal, amava verdadeiramente seu marido e não queria comprometer seu sólido casamento. Apesar de seus conflitos, encarara tudo como uma pequena aventura, sem maiores conseqüências. Mas, ao contrário do que imaginava pretender, não conseguia se desligar de tudo aquilo. Queria, acima de tudo, continuar com o calor da situação. Mas o dia seguinte já não guardava a mesma intensidade da véspera. Ao ligar, na tentativa de continuar de onde haviam parado, ela já não reconhecia em seu parceiro idealizado (como tudo em sua vida), a mesma paixão, o mesmo fogo que tanto a alimentara. Era como se tivesse sido enganada: "Onde está aquilo tudo de ontem?" E sentia-se arrasada, como se já não fosse mais tão importante quanto se imaginara até então... E ficavam várias perguntas na tentativa de recuperar o que havia se perdido: "Onde foi que eu errei?", "O que ele deve estar pensando de mim?" Perguntava-se até onde, realmente, gostava dele, mas se preocupava, sobretudo, com o quanto ela o tinha interessado. Não enxergava a ninguém, verdadeiramente, mas buscava viver a fantasia que havia criado.

Sua tentativa vã de tentar fazer valer o que sonhara a fazia voar bem alto nas asas da ilusão, para de lá cair vertiginosamente de uma só vez, voltando ao ponto em que havia parado.

Este comportamento não se restringia apenas ao sexo e às suas conquistas amorosas, mas a todo tipo de prazer que achava merecer e precisar. Parecia uma compulsão, um vício. Perdia totalmente a razão. Adorava e necessitava deliciar-se com saborosas iguarias, com roupas caras, com viagens mirabolantes etc. Era como se desse uma escapada de seu cotidiano oprimido e regrado. Nessas ocasiões, não conseguia se conter. Estourava suas contas bancárias, escapava dos seus limites. Nada muito tranqüilo para sua consciência, é verdade, mas forte o suficiente para lhe fazer ao menos ousar, arriscar algo. Necessitava acreditar que a vida era muito mais do aquilo que experimentava. Não tinha consciência do que estava vivendo, apenas reagia. Aceitação não era para ela das coisas mais fáceis. Aceitar a vida como ela é, ou a si mesma, era uma grande dificuldade. Além das confusões emocionais e/ou financeiras, após decolar em suas fantasias, Marina voltava à rotina, cabisbaixa, mais rígida do que nunca, como se não mais fosse repetir o feito. Caía em depressão.

Tinha uma ferida aberta, provavelmente desconhecida, que a fazia sair do eixo, dispersar-se toda vez que as coisas eram duras demais para ela. Estava, assim, presa na armadilha que caíra por não ter consciência do que lhe acontecia. Apenas reagia, inconscientemente. Buscava fora de si o que precisava tratar internamente, quer fosse uma aventura, uma viagem ou mesmo qualquer outro sentido para viver, ainda que por um momento apenas. Restava-lhe a ressaca e a incapacidade de compreender o que se passava com ela. A tristeza consigo mesma, a falta de controle e de entendimento da situação. Restava-lhe o vazio, sua falta habitual.

A PROPÓSITO DE MARINA

Viver pode parecer mais fácil do que é na realidade, embora devesse ser mais simples do que conseguimos realizar. Inadvertidamente podemos tirar conclusões apressadas, partindo logo para o julgamento.

A vida oferece tantas coisas que às vezes é difícil não nos deixar levar por elas... "A carne é fraca!", justificamos. Os apelos que a vida tem nos fazem cair nas nossas tentações. É difícil não nos deixarmos seduzir pelo que para nós é atraente, desejável.

Luxúria não diz respeito apenas a sexo, mas a todo tipo de prazer pelo prazer. É como se na luxúria vivêssemos em constante fantasia, sem nenhum comprometimento com a realidade, sem pensar que existe um amanhã. É uma espécie de jogo particular, que aparenta poder ser praticado sem ferir a realidade concreta: "Ah, mas isto foi apenas uma aventura. Não comprometeu em nada o resto da minha vida". Há momentos também que saímos por aí gastando sem poder, sem compromisso com nada, embora nos momentos de controle tenhamos a real noção de que estivemos fora do eixo: "Se eu não fizer algumas extravagâncias de vez em quando, eu não agüento!" Tudo parece ser em nome de injetarmos algo para renovar o nosso viver contido e trivial.

O que não enxergamos na luxúria é a vontade de conseguir o prazer "a qualquer preço"; como se houvesse, mesmo que não notássemos conscientemente, uma dificuldade de viver a vida como ela se apresenta. Queremos dar a nossa pitada, sentir o gosto que tem e dizer o gosto que temos. E acontecem esses momentos em que nos sentimos seduzidos a "entrar na brincadeira", como se fôssemos movidos, além da nossa racionalidade, a despeito da nossa vontade, como o que a droga faz com o dependente.

Dependência?! Sim, isto é o que não percebemos enquanto envolvidos nesta busca por prazer, por um sentido maior para viver. O fato é que este sentido maior está direcionado tão-somente para as sensações, para o aguçamento demasiado dos sentidos... para o exagero, para a exacerbação das sensações até atingir a perda do que é razoável. E a partir daí não conseguimos ver mais nada claramente. Somos arrastados por nossas faltas, nossos desejos, nossas obsessões. É difícil parar o trem quando ele já está em movimento. Procuramos raciocinar, ponderar, mas nossas lacunas berram e não conseguimos ouvir a voz de quem quer que seja!

Há muito a ser entendido por trás disso tudo. Afinal, "não dá para preencher vazio com vazio".

Se permanecermos tentando buscar a felicidade dessa forma, faremos, inevitavelmente, muitos estragos dentro e fora de nós, até sem entender que responsabilidade temos com tudo isso. Um dos piores estragos poderá ser a sensação repetida de acordar de ressaca e com a impressão de que fora apenas um sonho em que se precisou acreditar, pois assim ainda se tem a ilusão de que "foi bom enquanto durou"... Será? E ter de recomeçar de onde se parou, naquele ponto em que tudo parecia chato e sem interesse? Tudo estará nos esperando do jeito que deixamos ou ainda pior...

Quando se sobe muito, cair vertiginosamente de uma hora para a outra, de uma só tacada, pode ser muito difícil de segurar.

ONDE ESTÁ A BULA?

Como podemos pretender que haja um padrão de comportamento absoluto? Um código que regule e nos assegure o sucesso de nossas ações? Lembremo-nos que nenhuma atitude será válida se não houver uma intenção prévia, premeditada. Não chegaremos a lugar algum tentando apenas seguir a bula, tentando não errar, para estarmos de acordo. Nosso viver há que ser criado e recriado à medida que vamos experimentando a vida a cada momento, a cada nova descoberta, a cada novo desafio ou ameaça. Viver é ser, e ser pressupõe pecar muitas vezes. Mais do que nos controlarmos, devíamos, sim, perceber o quanto é fácil pecar. Lembremos disso quando chegarem os nossos pensamentos recriminatórios em relação aos outros. E aí vem o perdão, sempre o perdão.

Se viver é pecar, como remediar nossos pecados? Mudando, sendo melhores. Percebendo que a vida é muito maior que a hipocrisia reinante. "Amai-vos uns aos outros, com Eu vos tenho amado" Lembram-se?

Sentir a potência e o fator incontrolável e imponderável do pecar deveria nos mostrar, irrefutavelmente, que sempre haverá um espinho em nossa carne para não nos julgarmos maiores do que somos e para que, através da humildade, exercitemos a solidariedade, a compaixão e o amor verdadeiros.

O JOIO E O TRIGO

Para o ser humano, o prazer sexual vai muito além do simples instinto. É maior, muito maior. Permite-nos ultrapassar limites, romper barreiras, vivenciar sensações, emoções. Assim sendo, como encaixar o pecado nessa história? Luxúria tem a ver com o desejo vivenciado de uma forma compulsiva, desordenada; trata-se do desvirtuamento do sexo; de seu uso para fins alheios a sua verdadeira função, seja ela a procriação ou o prazer.

A luxúria relaciona-se ao sexo prejudicial, agressivo, forçado. Trata-se da extrapolação do desejo de forma devastadora, manipuladora e egoísta. Nesses casos, em vez da comunhão entre pessoas, corpos, sentimentos, surge o domínio, a coação. Essa gera o sofrimento que desencadeia a dor, que nos leva à angústia e, certamente, à insatisfação; leva-nos ao ponto central desta questão: a falta de respeito a si próprio e ao outro, a falta de amor, de generosidade, de entendimento.

Cria-se um círculo, uma bola de neve que, de repente, não conseguimos mais conter. Tornamo-nos prisioneiros de nossa própria desordem e não mais capazes de viver o sexo e o prazer de uma forma saudável e fecunda. Nos tornamos presas de nossa própria armadilha, quando não nos permitimos ver além das aparências. Nesse caso, não apenas é impossível separar, mas se torna impensável sequer distinguir o joio do trigo, o prazer do pecado, o amor do egoísmo.

O PRAZER PELO PRAZER

Nos dias atuais, tudo se resume à busca de alguma coisa que nos dê momentos de felicidade, que nos livre do sofrimento, de morrermos – até mesmo de tédio, à míngua... sozinhos diante de nossa impossibilidade em ficarmos a sós conosco mesmos. O risco dessa prática pode ser o entorpecimento de nossos sentidos, inclusive o sentido para viver.

O sexo assim como o prazer em comer são objetos do nosso desejo facilmente alcançáveis. Não exigem envolvimentos, quando agimos de modo compulsivo e inconsciente. São peças descartáveis como aqueles pratos de papel dos aniversários de criança: não nos dão nenhum trabalho. Agir dessa maneira não exige de nós disciplina, amadurecimento, tampouco o enfrentamento com nossas verdades e mentiras nem com as dos outros. Parecemos estar imunes, a salvo.

Parecemos!!! Na verdade, olhar para si mesmo no outro é o que vai dar o tom, é o que vai estabelecer, de fato, os parâmetros de uma relação e nos fazer crescer verdadeiramente.

LIBERDADE

Por que temos sempre de enquadrar-nos, rotular-nos, como pecadores, moralistas, fatalistas ou ingênuos? A vida é tão mais ampla! O problema do pecado não está no pecado pelo pecado, mas na vida miúda e limitada que passamos a levar quando nos entregamos a ele. É certo que temos várias tentações a nos rondar; somos colocados à prova permanentemente. Não há como negar que andar com os pés, com o corpo neste mundo, e não se deixar vencer pelos desejos é tarefa das mais difíceis. Até mesmo Jesus foi para o deserto em busca de isolamento, de discernimento. Jejuou e lutou contra todos os seus fantasmas. Que fazer então? Se, afinal, somos de carne e osso, deveríamos ceder a eles? Ou, talvez, em busca de um outro caminho, não deveríamos sublimá-los?

Certamente, o melhor seria entender qual o seu apelo em nossas vidas. Não temos a capacidade de anular as coisas, mesmo porque cada uma delas, mesmo a mais incômoda, é importante. Representam, significam um degrau a mais. São ensinamentos aos quais devemos sempre estar atentos. A vida ocupa-se de nos dar toques; chama-nos. A vida nos ensina.

Cabe a nós estarmos atentos e receptivos. Todos nós, certamente, já experimentamos a sensação de participar de alguma aula sem prestar a menor atenção, certo? O resultado? Nenhum. Perdemos tempo apenas. Quando tentamos fugir, "matar aula", acabamos sendo obrigados, de uma forma ou de outra, a repor a matéria, caso contrário, corremos o risco de ficar para recuperação; corremos o risco de adoecer. As coisas das quais fugimos, os desejos incompreendidos, as tentações acabam transformando-se em sintomas físicos ou emocionais.

O que se faz necessário é aprender o que a vida tem a nos ensinar, mesmo que seja através de caminhos aparentemente tortuosos. É importante compreender que vamos nos tornando mais fortes com o enfrentamento dos acontecimentos, não com o consentimento, pois, se tão-somente nos entregarmos aos prazeres do corpo, que todos sentimos, acabaremos nos entorpecendo, perdendo a parte principal. Tornar-se-á um vício ao qual nos prenderemos, imaginando estar agindo como pessoas livres, liberadas. Doce ilusão! Ser livre não é fazer o que se quer, mas não estar assim totalmente condicionado para ser feliz.

Ilusão

O desejo, essa vontade exacerbada que às vezes nos parece surgir do nada, na verdade, nos diz muito sobre nossa procura nos outros, ou fora de nós, de maneira geral, do que sentimos falta em nós, consciente ou inconscientemente. As coisas, as pessoas, os desejos vão surgindo conforme vamos configurando nossas vidas. Somos o resultado do que tivermos experimentado e compreendido. Tudo deveria nos remeter a nós mesmos, mas, ao contrário, muitas vezes acabamos por nos desviar no meio do caminho, em busca da tal felicidade. Erramos o alvo. Acabamos por nos esconder atrás de tudo, atrás de nós mesmos para não termos de encarar de frente o que precisamos viver e entender. Disfarçamos, fugimos. Iludimo-nos. Permitimo-nos distrair por toda e qualquer coisa que surja. Romantizamos. "Viajamos na maionese..." Deprimimo-nos por serem "nossos pecados", nossas limitações e tendências. Perdemos um tempo enorme tentando racionalizar, compreender ou nos livrar, ou, ainda, mergulhar de vez no tal desejo desenfreado. Nesse caso, muitas vezes, o impacto é tão forte que perdemos o foco: o eu.

Deixamos de nos perguntar: o que estou sentindo? O que eu quero de fato? O que isso tudo está me dizendo? O que estou descobrindo sobre mim por meio dessas situações ou pessoas?

Por que pecado?

Pecado maior talvez seja passar a vida no escuro por medo de não agüentar a claridade. Podemos nos tornar pessoas alienadas de nós mesmas e, portanto, perigosas. Infelizes. Nada desaparece por encanto ou por decreto. Não há como optar por nos livrar dos problemas, das pessoas, dos desejos, assim, simplesmente. É importante nos perguntar sempre o porquê de estarem fazendo parte de nós. Nem sempre encontramos todas as respostas, mas devemos nos manter atentos à busca, a despeito do esforço ou das incertezas que tivermos de passar. Caso contrário, nos perderemos no meio dessa estrada, envoltos por nossas tentações e fraquezas.

Há que evitarmos nos contentar com a ilusão da felicidade, da plenitude, da satisfação e do gozo; a ilusão da segurança, do prestígio, da vitória e do poder.

Como viver sem pecar?

Isto seria, provavelmente, impossível. Aliás, não deveríamos ser tão perfeccionistas. Compreender e nos aprofundar nesse assunto não deveria ter um tom moralista nem, necessariamente, religioso. O ideal seria que resultasse de uma busca sincera em viver o amor, em sua plenitude e naturalidade; o ideal seria que houvesse uma tomada de consciência determinada por uma reflexão constante sobre tudo o que nos acontece e nos cerca.

Quando compreendermos o que é amar, não precisaremos mais de regras sociais. Já teremos entendido que não devemos nos matar uns aos outros, nos ferir, negar comida, bebida ou conforto a quem quer que seja. Perceberemos que nossa vida terá mais ou menos paz e sentido de acordo com nossas atitudes diárias.

Entretanto, hoje em dia, até mesmo por necessidade de nos proteger da violência, acabamos nos tornando indiferentes. E a nossa própria violência? A que geramos? Aquela que é fruto de olharmos apenas para os nossos próprios interesses e para os de quem elegemos depositários de nosso amor?! Alguém percebe? Nem de longe estamos abertos ao "Amai-vos uns aos outros" e ao "Oferecei a outra face" ou, ainda, ao "Amai aos vossos inimigos".

Vemos isso tudo como uma tolice, um conto de fadas ou um ato de extrema generosidade para com quem não merece. Ledo engano! Seremos nós os maiores beneficiados. Se conseguirmos ultrapassar a mesquinhez de nossa mente sedenta por justiça, racionalidade e egoísmo cego e desenfreado, experimentaremos algo impensável; algo impossível de ser adquirido por outra via que não a do peregrino, a do aprendiz diário, que experimenta passo a passo a natureza renovadora da vida; enfrenta as dúvidas, os fantasmas e as verdades empalhadas. Aquele que larga suas seguranças aparentes, bem como aparentes privilégios em busca de algo incomparável, valorizado, apenas, por quem já trilhou ou almeja este caminho: a verdade, aquilo que é. Para isso é preciso o despojamento de tudo, de nós mesmos, para atingirmos essas coisas, experimentá-las.

Se estivermos presos, apegados ao que quer que seja, isto nos deterá. Contentaremo-nos com os nossos apegos e não terminaremos a viagem. Se nos distrairmos demais com as coisas boas ou ruins, se nos iludirmos por elas, enfraqueceremos. Precisamos nos libertar de tudo o que nos pesa: nosso passado, nossos medos, nossas carências, nossas idealizações, nossos apegos e, sobretudo, de nós mesmos.

Ninguém será capaz de nos convencer de coisa alguma, por mais sensata, lógica ou científica que possa ser a argumentação. Saber se vale ou não pensarmos sobre os pecados não será uma atitude racional nem objetiva. Já estamos tão congelados, tão conformados que nossos exageros já nos passam despercebidos. Em geral, aprendemos a ver o amor apenas na sua forma romântica, a que o cinema e a televisão nos passam. Vivemos a idéia que temos sobre a vida, não a vida em si.

Se não nos dispusermos a descobrir o que está oculto, calado, transfigurado em nós, nunca nos moveremos para além de nossas defesas, de nossa alienação. Poucas pessoas se questionam a respeito de suas atitudes na vida.

Que nossa busca pessoal não fique num tom de ameaça ou medo, mas que seja guiada por nossa fome de amor verdadeiro, de paz eterna, de atingir o verdadeiro sentido da vida. Só nós poderemos dar a permissão do que necessitamos para que antigas feridas sejam identificadas e repensadas.

Editoração, impressão e acabamento
Gráfica e Editora Santuário
Rua Pe. Claro Monteiro, 342
Fone 012 3104-2000 / Fax 012 3104-2036
12570-000 Aparecida-SP